Maillard de la Varende

Enseigne de vaisseau

(Brest — 1877)

BIBLIOTHÈQUE
DES MERVEILLES

PUBLIÉE SOUS LA DIRECTION
DE M. ÉDOUARD CHARTON

VOYAGE
AUX SEPT MERVEILLES DU MONDE

[21271]. — TYPOGRAPHIE LAHURE
Rue de Fleurus, 9, à Paris

BIBLIOTHÈQUE DES MERVEILLES

VOYAGE
AUX SEPT MERVEILLES
DU MONDE

PAR

LUCIEN AUGÉ

> Nam neque Pyramidum sumtus ad sidera ducti
> Nec Jovis Elei cœlum imitata domus,
> Nec Mausolei dives fortuna sepulcri,
> Mortis ab extrema conditione vacant.
>
> PROPERCE.

OUVRAGE ILLUSTRÉ DE 21 GRAVURES DESSINÉES SUR BOIS

PAR SIDNEY BARCLAY

PARIS

LIBRAIRIE HACHETTE ET Cie

79, BOULEVARD SAINT-GERMAIN, 79

1878

Droits de propriété et de traduction réservés

A MON EXCELLENT AMI

L. S. D'AIGREMONT

j'offre la dédicace de ce livre.

L. A.

PRÉFACE

———

Ceci n'est pas le livre d'un érudit, mais le récit d'un voyageur. Nous avons voulu avant tout parcourir, voir, interroger les lieux plus que les livres. Sans doute nous n'avons laissé de côté ni l'histoire, ni la légende, ni l'archéologie, ce sont comme des lumières sans lesquelles on ne saurait descendre dans le passé ; nous citerons les textes principaux, nous résumerons l'histoire quant à ses traits essentiels, à chacune de nos sept étapes nous nous efforcerons de reconstituer par la pensée le monument ruiné ou disparu, mais toujours brièvement, sommairement, sans permettre à notre science trop peu préparée de s'égarer dans l'aventure d'études approfondies. Nous n'avons pas la prétention d'avoir dit le dernier mot sur aucune des questions que soulèvent les Sept Merveilles du Monde. Nous allons raconter, non pas discuter.

Rien qui dépasse, dans l'antiquité classique,

la renommée des Sept Merveilles du Monde. Après tant de siècles, les générations nouvelles en gardent la mémoire et les vantent encore sur la foi des vieux auteurs.

L'antiquité païenne avait multiplié à l'infini les monuments, dans les pays que baigne la Méditerranée. Pas un bois qui n'eût son sanctuaire; pas une cime, aux rivages grecs, qui n'eût son temple; pas une cité qui n'eût son acropole que peuplaient les dieux de marbre et les héros de bronze.

Les anciens n'étendaient pas, à une contrée immense, l'idée de patrie; ils la concentraient sur une ville, fort petite bien souvent, et l'amour qu'ils lui portaient n'en était que plus tendre, plus vif, plus fidèle. Cette ville, chérie entre toutes, où leurs aïeux étaient morts, où leurs enfants étaient nés, ils la voulaient belle s'ils ne pouvaient pas toujours la faire puissante; ils la paraient d'édifices somptueux, comme un amant pare de joyaux celle qu'il aime. Et quels édifices! Quels temples! Quelles statues! A Athènes, c'était le Parthénon que les Propylées et l'Erechthéion encadrent; à Delphes, c'était un temple d'Apollon que la dévotion des rois et des peuples avait rempli d'innombrables trésors; à Sardes, c'était un temple de Cybèle, des palais, des tombeaux ; à Cnide, c'était une Vénus de Praxitèle souriante au milieu des bosquets ; en Égypte, c'était partout des pylônes géants, des sanctuaires mystérieux, des colosses austères, des obélisques reflétant dans le Nil leur aiguille de granit. Et cependant le Parthénon, le temple de Delphes, les colonnades prodigieuses de Thèbes et de Memphis n'étaient pas comptés au nombre des Sept Merveilles du monde. Quelles magnificences fallait-il aux voyageurs d'autre fois pour éveiller leur enthousiasme ? Que demandaient donc leurs yeux lassés de tant de splendeurs ?

Ce qu'ils avaient proclamé les merveilles, c'était, on s'en souvient : le colosse de Rhodes, le tombeau de Mausole à Halicarnasse, le temple de Diane à Ephèse, le phare d'Alexandrie, les Pyramides, la statue de Jupiter à Olympie, les jardins de Babylone.

Qu'en reste-t-il ? Les siècles, les pillages, les guerres, les invasions plus dévastatrices, tous les fléaux conjurés pour les détruire, qu'en ont-ils laissé ? Rien le plus souvent. Mais il est toujours une chose que l'homme ne saurait anéantir, c'est la nature. Le cadre reste à défaut du tableau, et le tableau peut quelquefois être vaguement raconté par le cadre.

Ces édifices grandioses, fastueux, immenses, n'ont pas croulé sans un fracas retentissant, et l'écho doit en frémir encore. Le souvenir survit, plus indestructible que les marbres et les porphyres. Dans le pèlerinage que nous allons entreprendre, si nous ne saluons pas les monuments maintenant disparus, nous saluerons du moins leur poussière glorieuse.

Les sept dessins restaurés qui accompagnent ici les sept Merveilles du Monde, ont été composés sur les croquis et d'après les indications de M. Louis Bernier architecte. Qu'il soit permis à l'auteur, au seuil de ce livre, de remercier celui qui fut son vaillant compagnon de voyage, avant d'être son très-compétent collaborateur.

VOYAGE

AUX

SEPT MERVEILLES DU MONDE

Rue des Chevaliers à Rhodes.

I

LE COLOSSE DE RHODES

Ce qui ne reste pas du colosse et ce qui reste des chevaliers.

Le 16 avril 1876, jour de Pâques, le *Béhérah* vient mouiller devant le port du Pirée. Il doit repartir le même jour, pour Alexandrie, mais en faisant escale à Rhodes. Nous allons grossir le nombre de ses passagers.

Le Pirée est dans une fiévreuse agitation. En effet, quelques jours auparavant, une frégate russe, venant d'Égypte, a manqué l'entrée du port et s'est piteusement échouée au rivage. Il faisait nuit au moment de l'accident ; mais le temps était beau, la mer calme. Le commandant avait confondu, paraît-il, les lumières de la ville avec les feux qui marquent la passe étroite du port.

La frégate, peu avariée du reste, a vainement tenté de se dégager. Une corvette russe, en station au Pirée, s'est la première portée à son aide. Assistance insuffisante. Puis on a appelé trois petits paquebots grecs ; et tous, de compagnie, ont tiré, toujours sans aucun résultat. La frégate a bougé non plus que les rochers qui la retiennent prisonnière. Pauvre frégate! Elle n'a pas une mine bien triomphante. De ses trois mâts, deux sont à demi démontés, et plusieurs des canons les plus lourds ont été portés à terre. Le navire, pour s'alléger, se transforme en ponton. C'est chose pitoyable que cette citadelle blindée, cuirassée, toute de fer, à présent inclinée sur le flanc et appelant à son secours tous ces petits bateaux qu'un seul de ses boulets broierait sans peine. Quelques pierres ont suffi à rendre impuissante cette puissance formidable ; et les rats maintenant doivent délivrer le lion.

Le *Béhérah* paraît, c'est un dernier espoir. Il va

renforcer l'attelage déjà nombreux. Six cheminées fument furieusement ; on tire. Enfin la frégate s'ébranle, elle remue, elle se redresse. La voilà délivrée. Un hourrah général retentit ; et la flottille des canots s'agite comme une famille de canards en émoi. Au *Béhérah* revient l'honneur d'avoir décidé la victoire.

Les câbles, désormais inutiles, sont ramenés à bord. L'équipage les traîne et les roule, en accompagnant son labeur d'une mélopée brutalement rhythmée. Sur le Nil, les matelots des dahabiéhs s'encouragent ainsi de refrains monotones, soit qu'il faille pousser les gaffes ou manœuvrer les avirons.

Le *Béhérah* est un vaillant navire ; ce sauvetage si heureusement accompli en est un éclatant témoignage. Bien qu'il porte le pavillon ottoman, il est de construction anglaise. Il a une machine puissante comme il convient à sa masse vraiment imposante. Au reste, le commandant s'empresse à nous célébrer les mérites de son vaisseau. La frégate russe n'est pas la première que le *Béhérah* sauve d'un mauvais pas ; il coule aussi à l'occasion les paquebots trop lents à lui faire place, mais il les coule proprement, en toute aisance, avec grâce.

Quelques jours avant mon arrivée en Grèce, un abordage avait eu lieu près du cap Matapan. L'*Agrigento*, paquebot italien, heurté par un paquebot anglais, avait coulé bas, trente-quatre personnes avaient péri. Le paquebot anglais, fort avarié lui-même, avait pu gagner le Pirée, mais non sans s'être allégé, en jetant à la mer une partie de son chargement. Interné, mis sous séquestre, jusqu'au jour où une enquête judiciaire aurait décidé à qui incombait la responsabilité de la catastrophe, le paquebot enfonceur se trouvait ancré dans le port et montrait à son avant une blessure toute béante. — « Mauvais navire, disait notre commandant, il ne peut crever les autres sans se crever lui-même, à demi. Le *Béhérah*! à la bonne heure! il crève, il coule les autres, mais sans jamais se faire une écorchure. — C'est bien agréable pour les autres, » ajouta un passager en manière de conclusion.

Le *Béhérah* présentait un curieux assemblage des races et des nations les plus diverses, dans son équipage et dans le personnel de ses passagers. Le commandant était Dalmate d'origine; les matelots étaient Turcs pour la plupart. Il y avait des Grecs, des Juifs, des Arméniens, quelques beys égyptiens, un officier français qui allait rejoindre à Alexandrie notre stationnaire, un contre-maître français aussi. Puis on avait parqué sur le pont deux troupeaux de femmes et de fillettes. Troupeau est un terme très-juste en cette circonstance et qui ne paraîtra pas impertinent à qui connaît un peu les hommes et les choses de l'Orient. C'était là, en effet, un article de commerce, et les fillettes allaient chercher acquéreur aux harems de Rhodes ou d'Alexandrie. En attendant, tout ce petit monde multicolore campait.

On avait dressé des tentes à l'arrière du bateau, comme on aurait fait en plein désert et, sous ce frêle abri que le vent parfois secouait brutalement, c'était un entassement confus de jupes jaunes, de foulards rouges, de ceintures bleues, de colliers d'or, de pieds bronzés, de mains mignonnes, de pots, de malles, de paquets, de coffres, de casseroles et de guitares, de fleurs et de babouches, de guenilles et d'oranges, d'enfants rieuses et de vieilles farouches. De là sortaient des sons nazillards, unis au bourdonnement d'un tambour, à l'aigre gémissement d'un violon. Puis la toile s'agitait; on aurait dit que la tente tout entière allait entrer en danse, et les yeux noirs scintillaient aux déchirures béantes.

La nuit est complète, lorsque le *Béhérah* mouille en vue de Rhodes; aussi le mot vue est-il ici une expression impropre. Les phares seuls, étoiles aux feux changeants, annoncent la ville qu'enveloppent d'insondables ténèbres.

Mais si de notre navire nous ne voyons pas Rhodes, de Rhodes on voit notre navire. Les barques aussitôt viennent l'assaillir. On se dispute bruyamment et nos personnes et nos bagages. Nous débarquons à tâtons.

A peine avons-nous mis pied à] terre qu'un homme surgit de l'ombre. C'est un douanier gradé, galonné; un lieutenant pour le moins. Au reste, il n'a pas l'indiscrétion d'examiner quoi que ce soit. Obséquieux, humblement poli, il nous souhaite la bienvenue et tend la main à quelque aumône. La modique somme d'un franc vingt-cinq centimes que j'y dépose, nous vaut de nouveaux compliments et le salut le plus respectueux. Les douanes sont un des revenus les plus considérables de l'empire ottoman et le plus régulièrement perçu.

On nous conduit à travers un dédale de ruelles fort étroites jusqu'à un passage qui donne dans une cour. La cour aboutit à un escalier, l'escalier mène à une chambre, la chambre renferme deux lits. Là seulement une chandelle fumeuse nous montre nettement où nous sommes. Notre première promenade, à travers les rues de Rhodes s'est faite dans la nuit la plus noire.

Si la nuit a été impitoyablement ténébreuse, le jour, dès son apparition, fait rage. C'est un embrasement furieux de toutes choses. Rhodes se révèle environnée du plus magnifique azur, Rhodes, chère au soleil, « Rhodes, chante Pindare, la demeure du
« père des rapides rayons, du maître des coursiers
« aux narines de feu. »

Nous sommes logés dans un petit hôtel que tient un Grec, brave homme fort obligeant et qui offre à ses hôtes une hospitalité presque écossaise. Nous avons des galeries de bois qui forment portique en avant des bâtiments d'habitation; et partout, sur le sol, les cailloux noirs et les cailloux blancs, ingénieusement opposés, composent une agréable mosaïque. C'est là un procédé d'ornementation généralement adopté à Rhodes. Galeries, bâtiments, cour et petit jardin ne manquent pas d'une pittoresque originalité.

Rhodes se partage en deux villes parfaitement distinctes, indépendantes l'une de l'autre, on pourrait dire ennemies. La ville où nous avons pris gîte est à peu près exclusivement habitée par des Chrétiens indigènes et des résidents étrangers. Elle n'a nulle fortification qui la protège et s'étale en toute liberté sur un terrain plat, à peu de distance d'une grève sablonneuse que les staticés égaient de leurs bouquets bleus. Les rues sont tortueuses, elles vont de ci, de là, comme pour échapper à l'invasion d'un soleil trop ardent, au reste elles semblent plus propres qu'il n'est ordinaire dans les villes orientales. Le sol porte une armature de galets. Les maisons, petites pour la plupart, n'ont le plus souvent qu'un rez-de-chaussée, jamais plus d'un étage. Quelques grands mâts, dressés sur les terrasses, et qui, les jours de fête, portent des pavillons, indiquent les demeures des consuls. Il n'est rien qui présente un intérêt spécial.

Arrivés sur le rivage, nous nous dirigeons dans la direction de la ville de Rhodes proprement dite, de la Rhodes du Colosse et des Chevaliers. Nous ne tardons pas à rencontrer quelques débris antiques, épaves affreusement mutilées, restes informes qui sans doute, avant de venir échouer là dans la poussière, ont passé à travers bien des désastres, bien des pillages, bien des dévastations. Car de la Rhodes antique rien ne subsiste qui garde sa place primitive. Tout a été broyé, dispersé. Et Chrétiens et Musulmans se sont fait des armes de ce qu'avait laissé l'antiquité païenne ; les temples sont devenus des bastions, les statues sont devenues des boulets. On s'est jeté à la face les héros et les dieux.

Voilà cependant quelques fûts de marbre, mais couchés côte à côte comme les cadavres des vaincus ; puis c'est un bas-relief à peine reconnaissable, puis un lion d'un travail grossier. Je ne sais quelle fantaisie a fait placer ce pauvre animal au faîte de la muraille qui enclot le jardin du pacha. Il a l'air d'un chat endormi. Le jardin, plus plaisant à la vue, resplendit sous le soleil ; c'est une vaste corbeille de fleurs. Les géraniums y forment des buissons écarlates.

La mer que nous longeons, dessine une baie gracieusement arrondie. Les bâtiments dits de la Santé, la limitent d'un côté ; de l'autre s'avance une digue que termine une tour féodale. Un phare, de construction toute moderne, a pris pour piédestal sa terrasse crénelée. Quelques bateaux, très-peu nombreux, sont mouillés près de là. Quelques autres, de médiocres proportions, et encore inachevés, montrent leurs squelettes sur le rivage. Il est des platanes qui répandent, autour de leur trône noueux, de larges taches d'ombre.

Les colonnes que tout à l'heure nous heurtions au passage, nous rappelaient la Rhodes païenne ; maintenant ce sont des canons que nous trouvons gisants, et c'est de la Rhodes chrétienne, qu'ils gardent le souvenir. Il y a peu de temps, ces canons, montés sur leurs affuts, passaient encore leurs gueules à travers les embrasures des remparts. Tous sont de bronze et d'une patine verdâtre tout-à-fait belle; tous, ou presque tous remontent à l'âge des Chevaliers. Ils ont sans doute obéi au grand-maître Villiers de l'Isle-Adam et vomi force boulets aux janissaires de Soliman. Aujourd'hui le gouvernement Turc, pressé par des besoins d'argent, les vend au poids du métal. Mesure barbare et sotte.

Bien que les plus beaux canons aient été enlevés depuis longtemps et donnés en présent à plusieurs souverains de l'Europe (quelques-uns sont à notre musée d'artillerie), parmi ceux que Rhodes conservait, il en était encore de fort remarquables et que les collections publiques auraient certainement achetés plus cher qu'un fondeur. On s'aide du feu pour briser les plus grands, plusieurs mesurent jusqu'à cinq ou six mètres de longueur. J'en vois qui portent le lion ailé de Saint-Marc, d'autres des écussons, d'autres des inscriptions turques, un enfin, qui de la culasse à la gueule, est décoré de grandes fleurs de lis. Titres de noblesse, fières devises écrites dans le bronze, glorieuses armoiries, ciselures délicates, car, au seizième siècle on voulait de la grâce et de la beauté jusque dans les engins de mort, tout, à l'heure où paraîtront ces pages, aura sans doute subi une honteuse métamorphose. Les canons seront devenus de la monnaie, et les soldats, les employés, toute la légion famélique des créanciers de la Sublime Porte n'en recevront pas une piastre de plus.

Ainsi, aujourd'hui c'est le tour des canons. Combien d'autres curieux monuments de la domination des Chevaliers, les avaient précédés dans cette déroute lamentable! Rhodes avait une magnifique collection d'armes des quinzième et seizième siècles et, sous ces carapaces de fer, on croyait voir réunis pour une revue solennelle, les héros de tant de sièges fameux. Tout cela a été dispersé; les Anglais de Malte ont pris la plus grande part. Quant aux archives, tout a été jeté aux quatre vents. La curiosité rapace des archéologues et des collectionneurs a trouvé une complicité facile dans l'incurie et l'ignorance des Musulmans. Ces pauvres Turcs, ils sont une proie pour tous; on leur prend leurs antiquités, en attendant qu'on leur prenne leurs provinces. Sans doute il faut, en échange du butin enlevé, laisser des bakchichs; mais qu'est-ce donc que quelques piastres, gaspillées aussitôt que reçues, auprès de tant de précieux débris à jamais perdus? Appauvrir un pays pour enrichir quelque pacha imbécile, le beau calcul! Le vendeur joue toujours le rôle de dupe dans ces pitoyables marchés.

La ville de Rhodes, par bonheur pour elle, renfermait des choses moins portatives que des cuirasses ou des parchemins. Ses remparts subsistent, et ils suffisent à nous raconter son orageuse histoire. Cette même incurie qui laissait égarer les menus objets, a été ici la cause essentielle d'une heureuse conservation.

En tout autre pays, le génie militaire aurait voulu améliorer, transformer, renverser peut-être. Des bastions, des tours dont les plus jeunes comptent plus de trois siècles, ce sont là des vieilleries peu redoutables aujourd'hui ; les canons Krupp n'en feraient qu'une bouchée. Mais les Turcs, même dans les choses militaires, n'ont pas la manie du progrès. Telles étaient les fortifications au jour où Villiers de l'Ile-Adam les remit à Soliman, telles nous les retrouverons aujourd'hui.

La maison qui sert de siège au gouvernement, s'élève sur la plage, entre la Rhodes chrétienne, cosmopolite, que nous habitons, et la Rhodes aujourd'hui turque par droit de conquête. C'est le seul trait d'union d'une cité à l'autre. Cette maison dépassée, nous suivons une chaussée qui affecte, grâce à des plantations toutes récentes, une apparence de boulevart, puis nous apercevons bientôt les remparts.

Ils sont flanqués de tours, hérissés de créneaux. Nous franchissons deux portes aux voûtes ogivales. Les planches des ponts-levis résonnent bruyamment sous le pied ; les orties envahissent les fossés où l'eau ne vient plus. A notre droite, est une tour plus ventrue que les autres. Des chevaliers, armés de pied en cap y sont sculptés dans le marbre et, sous leurs pieds, leurs écussons se groupent fraternellement. Mais le marteau les a mutilés : les Turcs ont voulu exercer comme une vengeance posthume sur les images et les emblèmes de ceux qui les avaient si longtemps arrêtés.

Nous voici sur un petit quai; c'est ce qu'on nomme la Marine, endroit pittoresque, le plus animé et le plus agréable de Rhodes. Là sont quelques cafés, les postes, les agences des paquebots. Les Turcs en turban, les Grecs qui souvent portent une calotte rouge d'une hauteur énorme, y restent attablés de longues heures. Ils ne parlent guère et pensent moins encore. Chacun a son narguilléh posé à terre, et l'eau, imprégnée de fumée, s'agite, clapote à chaque aspiration du fumeur, dans la carafe de verre. Quelques enfants, importuns parasites, font métier de cirer les chaussures, étrange industrie dans un pays où ceux qui ne vont pas pieds nus, ne portent que des babouches. Il y a certainement à Rhodes plus de décrotteurs que de souliers.

Sur la gauche s'étend le port proprement dit, assez petit et peu profond. Quelques caboteurs y viennent mouiller, et la flottille des caïques se presse tout alentour. Une digue s'avance que terminait une tour, portant quatre tourelles en encorbellement. Le tremblement de terre de 1863 l'avait rudement secouée. Il aurait fallu entreprendre une restauration complète; l'administration turque a trouvé plus simple de tout jeter bas.

Dans tous les panoramas de Rhodes que la gravure a vulgarisés, cette tour, dite de Saint-Michel, occupe le premier plan. Aussi, ignorant sa destruction récente, la cherchions-nous obstinément ; elle laisse un vide fâcheux dans l'ensemble de la cité.

Ce n'est pas la première fois que les tremblements de terre ravagent Rhodes : Rhodes, dans l'antiquité, avait souvent éprouvé la redoutable puissance de ce fléau. Dès l'an 224 avant notre ère, le fameux colosse était renversé et brisé. Il y avait à peine cinquante-six ans qu'il se dressait sur ses jambes d'airain. Il ne fut jamais relevé et les Romains n'ont pu en admirer que la ruine. « Tout
« abattue qu'est cette statue, dit Pline, elle excite
« l'admiration : peu d'hommes en embrassent le
« pouce, les doigts sont plus gros que la plupart
« des statues. Le vide de ses membres rompus res-
« semble à de vastes cavernes. Au dedans on voit
« des pierres énormes par le poids desquelles l'ar-
« tiste avait affermi sa statue en l'établissant. Elle
« fut achevée, dit-on, en douze ans et coûta trois
« cents talents, (environ un million et demi de
« francs) provenant des machines de guerre aban-
« données par le roi Démétrius qu'ennuya la lon-
« gueur du siège de Rhodes. La même ville a cent
« autres colosses plus petits, mais dont un seul suf-
« firait à illustrer tout lieu où on le placerait. Outre
« cela elle a cinq colosses de dieux faits par Bryaxis. »

Aulu-Gelle nous parle du siège de Rhodes inutilement entrepris par le grand preneur de villes, Démétrius Poliorcète. La ville était bloquée, serrée de près et déjà attaquée par les hélépoles, tours de

bois que l'on roulait jusqu'au rempart et qui permettaient aux assiégeants d'attaquer les assiégiés corps à corps ; Démétrius, dit-on, les avait inventées. Cependant Rhodes résistait et Démétrius était d'autant plus irrité qu'il avait coutume de vaincre. Il médite d'attaquer et de détruire quelques édifices publics situés hors de l'enceinte de la ville et qui n'enfermaient qu'une faible garnison. Sans doute il espérait par un premier exemple, prouver combien terribles pouvaient être ses vengeances et provoquer ainsi la reddition de Rhodes. Un des édifices menacés abritait un tableau représentant Jalyse fils de Cercophus et fondateur d'une ville dans l'île de Rhodes; ce tableau, œuvre de Protogène, passait pour un chef-d'œuvre merveilleux. Les Rhodiens voient sa perte imminente et députent vers Démétrius : « Pourquoi livrer aux
« flammes ce tableau ! lui font-ils dire, si tu triom-
« phes, la ville est à toi tout entière et la victoire
« remet en tes mains le tableau sans outrage. Si tu
« es contraint de lever le siège, crains qu'on ne
« dise à ta honte que, ne pouvant vaincre les Rho-
« diens, tu as fait la guerre à Protogène. »

Démétrius épargna le tableau et peu de temps après il se retirait. Ainsi le passage du conquérant ne coûta pas à Rhodes la destruction d'une œuvre d'art dont elle était fière. Tout au contraire, Démétrius, sans le prévoir sans doute, contribua à la splendeur de la cité victorieuse ; car c'est du bronze de ses machines, avons nous dit, qu'on fit le colosse, le plus fastueux monument de triomphe qui fut jamais élevé.

Lucien le personnifie et le met en scène dans son *Jupiter tragique* :

— « Et qui oserait me disputer le premier rang, lui fait-il dire, à moi qui suis le soleil et dont la taille est si gigantesque ? Si les Rhodiens n'eussent pas voulu me donner une grandeur énorme et prodigieuse, ils se seraient fait seize dieux d'or pour le même prix. Je puis, donc, avec quelque raison, passer pour le plus riche ; d'ailleurs l'art et la perfection de l'ouvrage s'unissent en moi à une pareille grosseur. »

— « Que dois-je faire, Jupiter ? reprend Mercure. La chose est difficile à juger. Si je considère la matière, il n'est que d'airain ; mais si je calcule combien de talents il a coûté à fabriquer, il aura le pas sur ceux qui auront cinq cents médimnes de revenu. »

« Qu'avait-il besoin de venir celui-là, riposte Jupiter, pour faire ressortir la petitesse des autres et déranger toute l'assemblée ? Dis-moi donc, excellent Rhodien, en supposant que tu l'emportes de beaucoup sur les dieux d'or, comment ferais-tu pour t'asseoir au premier rang, à moins d'obliger les autres à se lever et à t'y laisser seul. Sur le Pnyx tout entier tu ne pourrais t'asseoir que de profil.... »

Ampélius, dans son livre mémorial, parle aussi du colosse de Rhodes :

« A Rhodes il est une statue colossale du soleil,
« placée avec un quadrige au sommet d'une colonne
« de marbre. La colonne a cent coudées. »

Le même Ampélius parle encore d'une statue de Diane dont Rhodes s'enorgueillissait. « A Rhodes, « poursuit-il, il est une statue de Diane fort belle, « et bien qu'elle soit placée en plein air, jamais la « pluie ne la touche. »

Le dévôt prêtre d'Esculape, Œlius Aristide dans son *Oratio Rhodiaca*, composée à la suite d'un tremblement de terre qui avait dévasté Rhodes sous Marc-Aurèle, s'écrie : « Il y avait là plus de statues d'airain que dans la Grèce tout entière. »

Les Rhodiens, en effet, étaient fort habiles dans l'art de fondre les métaux. Le fameux colosse en est un témoignage. Ce colosse, œuvre de Charès de Lindos, élève de Lysippe, mesurait trente-deux mètres de hauteur. On a prétendu qu'il se dressait à l'entrée du port, le pied droit sur une digue et que les galères passaient, voiles déployées, entre ses jambes. C'est là une fable extravagante qui paraît avoir pris naissance au seizième siècle dans l'imagination fantasque d'un certain Blaise de Vigenères, commentateur et traducteur de Philostrate, mais que les auteurs anciens ont ignorée et qu'ils contredisent formellement.

Les récits de quelques voyageurs et non pas toujours sans autorité, puis les gravures, conceptions d'une haute fantaisie, ont longtemps vulgarisé cette légende du colosse enjambant le port et les vaisseaux.

Colosse de Rhodes.

C'est ainsi que dans la cosmographie d'André Teuvet, vaillant voyageur, mort cosmographe de Henri III, on voit la ville de Rhodes tapie aux pieds d'un colosse invraisemblable. La légende a fait fortune ; elle est venue jusqu'à nous. On trouverait plus d'un esprit crédule qui n'imagine pas le colosse autrement qu'ouvrant libre passage aux vaisseaux entre ses jambes. Dans une féerie des *sept merveilles du monde* que l'on jouait en notre première enfance, les décorateurs n'avaient pas manqué de représenter le colosse selon la tradition populaire. Comme dernier argument contre cette fable, nous signalerons une médaille Rhodienne, frappée sous Tibère probablement et qui représente sur son revers un Apollon debout, nu, le front ceint de rayons, la main droite s'avançant comme en un geste de protection, la main gauche appuyée au flanc et retenant une draperie légère qui descend de l'épaule. Il paraît vraisemblable que l'on peut reconnaître là une reproduction sommaire du fameux colosse, et c'est d'elle dont l'artiste s'est inspiré dans sa restauration.

Les fragments du colosse restèrent sur le sol, là où les avait semés le tremblement de terre, jusqu'au jour où le kalife Moaviah I les vendit à un Juif ; on y trouva, dit-on, la charge de neuf cents chameaux. Cela se passait en 672.

Lucien parle encore de fastueux portiques que peuplaient de nombreuses statues. De toutes ces œuvres de la sculpture rhodienne si renommée autrefois, il reste deux monuments et les plus considérables que la sculpture antique nous ait laissés : le groupe fameux, dit du taureau Farnèse, et le Laocoon. Le premier décorait les thermes de Caracalla à Rome, et décore aujourd'hui le musée de Naples. Apollonius et Tauriscus, tous deux Rhodiens, l'avaient taillé dans un seul bloc de marbre. Le Laocoon est l'œuvre collective des Rhodiens Agésandre, Polydore, Athénodore.

Mais Rhodes même ne garde rien de ses splendeurs et c'est seulement dans le cuivre des robinets de ses fontaines que l'on pourrait peut-être trouver quelque parcelle de son colosse.

Une population joyeusement bariolée de couleurs éclatantes, fourmille sans cesse sur la marine. Elle a peu souci de tant de richesses détruites, de tant de grandeurs disparues. Il est des chiens fauves, des ânes, des poules, trop peu nombreuses, paraît-il, pour les coqs. Aussi, deux de ces sultans emplumés se livrent un furieux combat. Ils jouent de leurs ergots, et les chevaliers de Saint-Jean ne jouaient pas plus vaillamment de la lance. La foule s'amasse, et les deux rivaux semblent trouver une excitation nouvelle dans l'attention dont ils sont l'objet. Ils se heurtent avec rage, puis tombent à la renverse, l'un de ci, l'autre de là. Ils se relèvent, prennent du champ et s'abordent encore. Ils s'arrachent les plumes, le sang ruisselle de leurs crêtes. Enfin un homme, le maître sans doute, peu désireux de voir sa volaille avariée, accourt ; un vigoureux coup de pied sépare les combattants et les envoie rouler dans la poussière. Le tournoi est fini et nos héros sont renvoyés à la basse-cour. Deux hercules de foire ne sont pas plus penauds, lorsqu'un gendarme interrompt leurs exploits et impartialement les emmène l'un et l'autre en prison.

Quelques mûriers s'alignent sur le quai, formant comme le décor de cette tragédie. Le soleil se joue gracieusement dans leur feuillage.

Le rempart partout domine le port; quelques échopes boiteuses s'y adossent comme des nids. Voici encore une porte; elle est flanquée ou plutôt écrasée de deux tours rondes. Larges créneaux, meurtrières perfides, machicoulis béants leur composent un formidable diadème. Et toujours des écussons, des anges soutenant respectueusement des casques de chevaliers, des couronnes de comtes ou de marquis. Que d'emblèmes triomphants et qui sont aujourd'hui des monuments de défaites !

Nous trouvons bientôt le bazar. Il n'a pas de portes et ne forme pas une cité distincte dans la cité, ainsi qu'il arrive souvent en Orient. Les marchandises, pour la plupart, proviennent de nos manufactures européennes, c'est dire qu'elles n'offrent aucun intérêt particulier. On trouve encore parfois, au fond de quelque boutique, des plats émaillés et coquettement décorés de feuillages, de fleurs fantastiques ; mais ces produits, fort remarquables, d'une industrie aujourd'hui complétement perdue, deviennent de plus en plus rares. L'Europe enlève tout, et l'on peut prévoir le jour prochain où cette céramique rhodienne, florissante au temps des Chevaliers, n'aura plus de spécimens que dans nos musées, ou dans les collections de quelques riches amateurs.

Le bazar de Rhodes n'est pittoresque que dans son ensemble et par son cadre. Les ruelles caillouteuses s'y entrecroisent, faisant des carrefours inattendus. Les boutiques sont encombrées de sacs, de caisses, de paquets en désordre, et le marchand disparait au milieu de ses marchandises. Quelques rares fontaines larmoient, et près d'elles les vieux muriers répandent un peu d'ombre.

Non loin du bazar, un bâtiment s'élève, robuste et d'aspect tout féodal. C'est encore, à n'en pas douter, une construction de l'époque des Chevaliers. Ils avaient là, dit-on, leur salle d'armes. Les Turcs, modifiant peu la destination de l'édifice, en ont fait une caserne et le siège du commandant militaire,

La porte est ogivale. Quelques nervures l'encadrent, et les boulets de marbre, amoncelés en pyramides, tiennent lieu de bornes. Un passage vouté, un peu sombre, conduit dans une cour carrée que des portiques entourent. Les arcs très-surbaissés, sont sillonnés de nervures puissantes, décoration un peu massive, un peu lourde, non sans caractère cependant. Il n'est qu'un étage ; il déploie une galerie superposée aux portiques du rez-de-chaussée. Une charpente inclinée la recouvre. On nous montre à l'intérieur une fort belle salle que huit arcs en ogive partagent en deux nefs. Le plafond accuse à nu le bois de ses solives, et les fenêtres, fort petites, ne laissent pénétrer qu'une lumière adoucie. Là où s'alignaient les armures, là où s'étalaient les fastueuses panoplies, couchent maintenant les soldats turcs. Le sol disparaît sous un entassement confus de paillasses poudreuses, de couvertures, de gamelles, de sabres, de guenilles, de fusils; quelques hommes étendus s'y livrent aux douceurs de la sieste.

La ville de Rhodes couvre un emplacement, non pas uni, non pas très-escarpé, mais incliné; et c'est par une pente régulière, relativement assez douce, que l'on gagne les quartiers hauts. Une rue y conduit, rue célèbre et que tous les voyageurs s'empressent à voir, c'est la rue dite des Chevaliers. Encore les Chevaliers, toujours les Chevaliers! Tout à Rhodes parle d'eux. Les Turcs semblent ici des intrus insolemment campés au logis d'autrui. Les véritables maîtres sont absents; la cité les attend, on ne serait pas surpris si, au tournant d'une ruelle, paraissait quelque preux, casque en tête, lance au poing et suivi de l'écuyer qui porte sa bannière.

La rue des Chevaliers est droite et régulièrement alignée; l'édilité rhodienne voulait parfois de la symétrie. Un grand nombre de chevaliers avaient là leurs maisons, ou plutôt leurs hôtels. Des couronnes héraldiques sont taillées aux claveaux des portes ogivales; et les blasons nous disent la noblesse des premiers propriétaires. Souvent ce sont des créneaux qui forment le couronnement. Rhodes était avant tout une citadelle, et tout devait y prendre un aspect guerrier.

Bien des écussons ont été enlevés, quelques-uns par les Turcs, un plus grand nombre à l'instigation et aux frais de certaines vieilles familles d'Europe, désireuses de prouver, par un instrument authentique, qu'elles eurent des aïeux parmi les Chevaliers de Saint-Jean. Cependant, quels que soient les ravages que l'insouciance et la vanité aient pu faire, beaucoup de ces pierres illustres restent en place. La fleur de lis de France y apparaît souvent, seule ou associée à d'autres emblèmes. On voit même encore sculptés des chapeaux de cardinal.

Ces nobles demeures n'ont plus que des hôtes plébéiens. De pauvres familles turques se les sont partagées ; et voulant accommoder les logis à leurs mœurs, elles ont caché les fenêtres derrière les moucharabiéhs de bois et ouvert des lucarnes entre les gargouilles grimaçantes. Des guenilles pendent là où flottaient les étendards. Et, par contraste, quelques tourelles font saillie comme aux vieux manoirs chrétiens ; une chaire extérieure subsiste où prenait place sans doute quelque prêtre, lorsqu'il fallait prier pour ceux qui allaient mourir.

Les rues qui débouchent dans la rue des Chevaliers, sont beaucoup plus étroites. Des arcs souvent les enjambent. De petites herbes ont germé entre les pierres noires de la voûte, et la brise les balance comme des festons légers.

Ce n'était pas assez des sièges, des tremblements de terre, des pillages réglés ou déréglés ; un autre fléau a failli compléter, il y a peu d'années, la dévastation de Rhodes. La poudrière établie par les Turcs dans le haut de la ville, sauta, emportant tout un quartier, une partie de la rue des Chevaliers, le palais des Grands-Maîtres et plusieurs centaines de personnes.

Sur l'emplacement du palais détruit, se trouve maintenant la prison. Nous y pénétrons. Les ferrures terribles grincent devant nous, les portes s'ouvrent lourdement, lentement, comme à regret. Il est une cour au-dessous de laquelle règnent de vastes citernes. Quelques soupiraux permettent d'en sonder du regard les mystérieuses profondeurs. — Les prisonniers s'empressent autour de nous, cortège peu agréable. Presque tous traînent des chaînes pesantes ; un affreux bruit de ferrailles les précède. Ils sont nombreux, et quelles faces patibulaires ! Aussi ne faisons-nous pas long séjour dans cet enfer. Je ne sais quelle vague inquiétude y obsède la pensée, et les portes se sont si vite refermées derrière nous, qu'en vérité nous avons quelque crainte qu'elles ne veuillent plus se rouvrir. C'est avec joie que nous nous retrouvons dans la rue, respirant le grand air.

Non loin de la prison, mais un peu plus bas, s'élève une mosquée que couronne une assez vaste coupole. Un minaret, rond et surmonté d'un petit toit pointu comme les minarets de Constantinople, fait sentinelle sur la gauche. Un portique borde la façade principale; le sol en est dallé de marbre. Une fontaine qu'un vieux mûrier ombrage, quelques cyprès noirs, complètent heureusement le tableau.

La porte, toute de marbre blanc, est un ouvrage de la Renaissance, et certainement antérieur à la fondation de la mosquée. Elle a dû être enlevée de quelque église ou de quelque demeure princière. Les deux colonnes qui la flanquent, coiffent des chapiteaux délicatement ciselés. De petites guirlandes se suspendent à leur fût, et les pieds droits déroulent des frises charmantes. Des armes pittoresques, des instruments de musique, des rinceaux capricieux y sont groupés au gré d'une imagination charmante. Des fleurs, des fruits égaient le cintre.

Mais cette jolie porte est peu hospitalière aux infidèles; pour obtenir qu'elle nous soit ouverte, il nous faut de longues et laborieuses négociations. Nous l'emportons enfin, mais pourquoi avoir pris tant de peine? la mosquée intérieurement est misérable et sans intérêt. Aux jours où les Turcs s'installèrent victorieusement à Rhodes, l'art musulman était en pleine décadence. Les vainqueurs n'ont rien fait ici qui mérite un souvenir.

Saint-Jean, l'ex-cathédrale, occupait la partie la plus élevée de la ville. L'explosion de la poudrière l'a ruinée de fond en comble. Seul le clocher est resté debout, bâtisse fort disgracieuse qui superpose deux rangs de colonnes. Une école doit prendre la place du temple détruit. On y travaille en ce moment, et des prisonniers, amenés de la geôle voisine, font l'office d'ouvriers, sous la surveillance débonnaire de quelques soldats. Au reste, les fers qui leur brident les jambes, rendraient vaine toute tentative d'évasion.

Les fouilles entreprises pour asseoir les fondations du nouvel édifice, ont mis à découvert de nombreux débris de la cathédrale et même quelques fragments beaucoup plus anciens. Quelques pierres tumulaires ont reparu; les unes portant la figure d'un chevalier armé de toutes pièces; les autres la figure d'un moine endormi les mains jointes. Un chapiteau dorique, atteste que ce lieu fut consacré aux cultes païens, longtemps avant de connaître la foi chrétienne.

L'église de Saint-Jean renfermait les tombes de presque tous les grands maîtres; mais elles avaient été violées et pillées avant que l'explosion les eût mises en poussière.

Rhodes, avons-nous dit, était avant tout une citadelle, un poste avancé élevé par la Chrétienté contre l'Islamisme et confié à la fidélité des plus vaillants héros. Toute l'importance de la ville, tout son intérêt était dans ses fortifications. De ces fortifications, nous avons vu une partie près des ports; nous allons les explorer sur un autre point et nous entreprendrons de faire le tour complet de l'enceinte. Rien ne nous donnera une idée plus exacte, et de l'assiette de la cité, et de sa position stratégique, et de sa topographie intérieure.

Lorsque Rhodes tomba au pouvoir des Turcs, en

1523, l'artillerie avait déjà pris un grand développement ; aussi les remparts sont-ils disposés pour être armés de canons. Ce n'est plus une enceinte telle que le moyen-âge les concevait, quand les arcs et les arbalètes étaient encore en usage ; et ce n'est pas une enceinte telle que Vauban et ses élèves l'auraient conçue plus tard. C'est un système mixte et qui rappelle bien une époque où les Chevaliers, tout en s'associant des artilleurs, n'avaient pas encore complétement abdiqué devant eux. On échangeait des boulets, mais aussi des coups d'épée, et les canons ne portaient pas si loin que la lance ne pût parfois aussi se mettre de la partie.

C'est ainsi que les créneaux alternent avec les embrasures. Nous trouvons des bastions qui projettent leur triangle dans la campagne, et des tours qui ne dépareraient pas un manoir féodal. Les fossés sont très-profonds, doubles, triples parfois ; les vaches y broutent peu soucieuses des machicoulis béants. Là où se rencontre une porte, il est tout un assemblage compliqué de ponts, de poternes, de passerelles, de tourelles, de barbacanes, de chaussées. L'architecte s'est ingénié à rendre le passage aussi difficile que possible ; c'est une entrée sans doute, mais il semble que l'on se soit repenti de l'avoir ouverte.

Voilà des casemates à l'épreuve des bombes du seizième siècle. Dans la voûte sont ménagés des soupiraux qui jettent sur le sol des taches de lumière ; puis au-dessous des casemates, s'enfoncent des souterrains qu'habitent d'éternelles ténèbres. Les décombres, les herbes embarrassent les escaliers qui y donnent accès. Quelques fleurs, joyeusement épanouies, s'étalent aux premières marches ; puis ce ne sont plus que quelques fougères, puis des mousses seulement, puis rien ; la vie s'éteint graduellement avec la lumière.

Au milieu d'une sorte d'enceinte particulière, car il est murs sur murs, fossés sur fossés, enceintes sur enceintes, un donjon carré s'élève. Sur celle de ses faces qui regarde la campagne, un saint Georges, armé de pied en cap, chevauche et transperce de sa lance le dragon légendaire. Quatre écussons accompagnent ce bas-relief. Au reste, on ne trouve pas une tour, pas un bastion, pas un pan de mur, qui n'ait son écusson. Chaque chevalier voyait ainsi marqué, pour lui et pour ses hommes son poste de bataille.

Une végétation puissante prospère partout, et ses assauts sont plus triomphants encore que ceux des Turcs. L'herbe tapisse les terrasses et festonne les créneaux. Et cependant les Turcs, qui se croient sans doute encore au temps de Soliman, prennent toujours au sérieux ces fortifications plus pittoresques que redoutables. Ce n'est pas chose aisée d'y obtenir libre accès ; et le gouverneur militaire peut seul donner l'autorisation indispensable.

Partout des canons sont en batterie, et quels canons ! aussi vénérables que les remparts qui les portent. Ils menacent de leur gueule de fonte (car les canons de bronze ont disparu), la campagne qui sourit splendidement fleurie, comme si elle comprenait l'inanité de cette menace. Auprès des affûts boiteux, à demi ensevelis sous les herbes folles, s'élèvent en pyramides symétriques, des boulets, des biscaïens que la rouille dévore. Nous trouvons même des boulets de marbre et leur blancheur s'oppose brutalement au vert du gazon,

La promenade est longue pour faire le tour de la ville; mais le spectacle change sans cesse et reste toujours admirable. Les glacis servent de cimetière; les stèles y portent le turban, emblème des vrais croyants. Sans doute les braves, tombés dans la mêlée furieuse des assauts, reposent là, au pied du mur que d'autres plus heureux devaient conquérir. Quelques platanes étalent comme une tente de feuillage, au-dessus de ce champ de mort. Puis des maisonnettes blanches scintillent au milieu des blés, tandis que de rares palmiers montrent leur tête empanachée.

Détournons-nous les yeux? c'est la ville que nous découvrons. Les bâtisses s'y entassent confusément. Tours, clochers, terrasses, minarets pointus qui annoncent les mosquées, s'étagent et descendent vers la mer au loin rayonnante. Les côtes d'Asie-Mineure, bleuâtres, mollement arrondies, s'alignent aux limites dernières de l'horizon.

Toujours cheminant de murs en murs, de bastions en bastions, de créneaux en créneaux, nous gagnons les parties basses de la ville. Les maisons y sont plus clairsemées ; elles ont pour la plupart jardin ou verger. Les orangers, les figuiers composent des bosquets ombreux, et les oliviers projettent leur ramure noueuse jusqu'au chemin de ronde. Nos regards indiscrets sondent librement ces intérieurs qu'une méfiance jalouse nous aurait certainement interdits. Ici, les femmes s'empressent aux soins multiples du ménage; on lave, on suspend aux arbres quelques guenilles vénérables ; plus loin le feu flambe, on procède aux préparatifs du prochain repas; les enfants jouent bruyamment, et leurs voix joyeuses parviennent jusqu'à nous.

Nous arrivons au rivage; le flot expire au pied même du rempart et les algues traînantes s'accrochent aux premières assises. Quel silence cependant! non pas dans la ville mais sur son enceinte, quelle solitude! L'herbe ne garde nulle part vestige de pas. Plus d'hommes d'armes en sentinelle, plus d'appels répétés de tours en tours, plus de fiers guerriers, plus rien qu'un souvenir illustre dans le passé et les misères d'un présent sans gloire.

Rhodes a son théâtre, ou, pour mieux dire, Rhodes avait son théâtre lorsque nous y séjournions. Quel théâtre? Un théâtre antique sans doute, contemporain du colosse? — Non pas, un théâtre moderne. — Voilà certes, une surprise et qui trouvera bien des incrédules.

Une troupe d'artistes des deux sexes était venue s'échouer dans l'île, nous ne saurions dire à la suite de quelle tempête : la vie de l'acteur est féconde en traverses bizarres, surtout en Orient. Ces malheureux, presque tous Italiens au moins d'origine, avaient entrepris de faire montre de leur talent devant le public. Un public à Rhodes! Quel rêve! Une trentaine de personnes, en comptant consuls et vice-consuls, tous Européens, pouvaient seuls en fournir les éléments, car les indigènes sont peu curieux d'art dramatique.

Il fallait trouver un local. Une grande maison turque, aujourd'hui inhabitée et située un peu en dehors de la ville, avait été choisie et disposée en vue de cette destination fort nouvelle. Au reste, tous les travaux avaient consisté à séparer en deux parties inégales, la plus vaste salle de la maison, puis à surélever avec des tréteaux la partie la plus petite pour en faire la scène, en réservant l'autre pour le public.

Le soir venu, nous nous acheminons vers le théâtre, ou, pour parler comme au temps passé, nous allons à la comédie; nous avons eu soin de nous faire précéder par un serviteur de l'hôtel qui porte nos chaises; car chacun doit apporter la sienne s'il ne veut rester debout.

Quelques chandelles fumeuses composent l'éclairage. Le rideau, réunit, dans une alliance étrange, un croissant bleuâtre qui a la prétention de représenter la lune, un disque qui simule le soleil, des étoiles et force taches d'huile qui remplacent sans doute la voie lactée. Des ficelles, d'un jeu capricieux, manœuvrent, non sans accrocs, ce firmament mobile. L'assistance est peu nombreuse ; on dirait une réunion de famille, car les maris sont venus avec les femmes ; les femmes avec les enfants même les nourrissons. Les acteurs eux-mêmes donnent l'exemple de cette touchante fraternité; du plus grand au plus petit, tous prennent part à la représentation. Ceux qui ne peuvent chanter, parlent ; ceux qui ne peuvent parler, sautent, dansent ou posent.

Le programme a du moins le mérite de la variété. On nous sert des comédies au dialogue heureusement panaché de grec et d'italien, un intermède musical, des danses, des pantomimes avec force cascades, puis des exercices de gymnastique, exécutés au milieu même du public, non sans danger pour les crânes et les chignons. Enfin, viennent les tableaux vivants, à l'usage sans doute de ceux qui, ignorants du grec et de l'italien, ne comprennent que par les yeux. Toute la troupe figure, y compris un enfant de quelques mois à peine. Ce sont divers épisodes des récits bibliques qui deviennent l'objet de cette parodie naïve. Pauvres gens ! Ils jouent au prophète, ils se déguisent en patriarche ; ils se transforment tour à tour en Abraham, en Joseph, en Élie, en Agar, en Rebecca, en Assuérus ; et Abraham n'a pas une tente, et Assuérus attend peut-être la recette pour dîner. En vérité, toute cette misère prête moins à rire qu'à pleurer.

Durant les entr'actes les femmes viennent solliciter la générosité de leurs rares spectateurs. Ainsi que faisaient autrefois nos troupes de comédiens, dans leurs courses vagabondes : Molière jouait dans des granges, et les chefs-d'œuvre de Corneille n'eurent pas de cadre plus somptueux.

Mais à Rhodes, nous ne trouvons ni Corneille ni Molière ; en revanche nous avons, au seuil même de la salle de spectacle, un grand jardin tout peuplé d'orangers, des treilles ombreuses, une piscine de marbre, un kiosque pittoresque ; et le tout quelque peu délabré, attend un acquéreur. On demande dix mille francs du domaine entier et l'on donnerait, je crois, la troupe dramatique par-dessus le marché.

L'île de Rhodes est montagneuse, et les routes n'y sont connues que de réputation ; aussi n'y a-t-on jamais vu une voiture. Le cheval et l'âne sont les seuls moyens de locomotion en usage. Bien que nous n'ayons pas eu le temps de nous lancer dans des expéditions lointaines, deux petites promenades, faites aux environs de la ville, nous ont cependant donné quelque idée des campagnes Rhodiennes.

La végétation est partout d'une grande vigueur. A peine sortis de la ville, nous trouvons des sentiers rocailleux qui serpentent, souvent profondément encaissés. Des murs les bordent qui servent de clôture aux champs ; et le regard se trouve ainsi désagréablement emprisonné en d'étroites limites. Mais bientôt les murs disparaissent ; campagnes, horizons lointains se découvrent librement. Les talus portent des arbres de Judée qui renversent leurs branches où les fleurs ont précédé les feuilles : ils semblent comme poudrés de rose. Les figuiers de Barbarie entremêlent leurs raquettes épineuses. Puis ce sont des cystes formant de grands bouquets blancs ou pourprés. Les genêts d'or succèdent aux lentisques, tandis que les cyprès dressent leur pyramide noire.

Les ravins nous découvrent parfois, en des échappées subites, et la mer azurée et les rivages gracieux de l'Asie.

Quelques bâtisses blanches apparaissent au faîte d'une colline. Elles dépendent d'un domaine assez considérable et qui est la propriété d'un Français. La vigne, le blé y sont cultivés en même temps que le mûrier, car l'élevage des vers à soie est une des rares industries de Rhodes. Une source abondante et d'une admirable limpidité, porte de champs en champs la fraîcheur et la fécondité ; quelques grands géraniums l'encadrent de leurs touffes fleuries. Un quinconce, planté de citronniers et d'orangers, se déploie près de là, et l'air est imprégné des parfums les plus doux. Tout alentour le soleil fait rage ; le soleil était la divinité principale de Rhodes, il s'en souvient et règne encore en maître tyrannique.

A une heure et demie de Rhodes environ, est un tombeau antique que les uns désignent sous le nom de tombe d'Amdéri, les autres sous le nom de tombe de Confovouni. Rien de plus fréquent en Orient que cette diversité dans les noms, et rien qui soit une source plus féconde d'erreurs, lorsqu'il s'agit de dresser ou de consulter une carte. Il ne faut jamais oublier que la nation ici n'est pas une, ni la race, ni la langue, ni la religion. Les Grecs se servent d'une locution, les Turcs d'une autre, et le mot change souvent avec la race de l'homme qui parle.

Quel que soit son nom véritable, le tombeau que nous visitons, présente un grand rocher dégrossi, régularisé par le ciseau et formant un cube allongé. Sa face principale aligne dix colonnes à demi engagées ou plutôt dix nervures arrondies. On reconnait vaguement quelques vestiges de la corniche qui encadrait la porte. A l'intérieur, nous trouvons un vestibule dont le plafond est plat, puis une salle plus vaste dont le plafond, formant angle, imite la double inclinaison d'un toit. Des cases règnent tout à l'entour, creusées comme les salles elles-mêmes, au vif du rocher. Nulle trace ni de peinture, ni de sculpture, ni d'inscriptions. Tout révèle dans ce monument, une haute antiquité, et l'on peut supposer qu'il remonte à une époque antérieure aux guerres Médiques.

Ce sépulcre vénérable sert aujourd'hui d'étable, vicissitude peu glorieuse. Les arbustes, accrochés aux lézardes du roc, lui prêtent un pittoresque couronnement, et le sol, fait de décombres, disparait sous les herbes. Les iris y montrent leurs grandes fleurs d'azur, et les arums géants déploient leurs longs cornets rougeâtres.

De ce tombeau, poursuivant notre course, nous nous dirigeons vers le village de Koskinoï. Le sentier monte et descend en lacets capricieux. Les lauriers-roses égayent les profondeurs des ravins que nous contournons. Puis voici des chênes centenaires, frères de ceux qui s'étalent aux champs de la Troade ; ils forment de grands dômes de feuillage, et c'est une joie de passer sous leur ombre. On cultive beaucoup le blé ; les épis apparaissent déjà hauts et gonflés de grains. Souvent le chemin disparaît, et nous avons peine à nous frayer passage entre un double rempart d'églantiers, de ronces, de lianes épineuses, de liserons violets qui s'entrelacent en un inextricable fouillis. Cette campagne est toujours d'un aspect riant, mais plus aimable que grandiose.

Au tournant d'un vallon, nous découvrons le village. Il trône au faîte d'une montagne comme un nid d'aigle. Les maisons s'étagent, éblouissantes de blancheur ; leurs murailles, passées à la chaux, rayonnent, et l'on dirait des blocs de marbre blanc à peine sortis de la carrière. Les ruelles escarpées et cailloureuses, semblent avoir été faites pour les chèvres, non pour les humains. Une nombreuse population y grouille cependant, et les femmes en compagnie des chiens, et les hommes en compagnie des ânes, et les enfants en compagnie des porcs. Les poules vaguent librement.

Nous entrons dans quelques maisons ; on nous y accueille avec l'empressement le plus courtois. Nous ne sommes pas au milieu des Turcs, mais au milieu des Chrétiens moins jaloux de l'inviolabilité de leurs pénates.

Deux des maisons que nous visitons, présentent à l'intérieur une décoration originale ; dans la principale salle, du sol au plafond, ce ne sont qu'assiettes et plats. La muraille disparaît sous cette mosaïque luisante. Mais les vieux plats Rhodiens, produits des industries locales, y sont fort rares ; des faïences grossières, des porcelaines aux enluminures criardes, sorties des manufactures Européennes, les remplacent et, par malheur les font regretter.

Nous venons de dire que la population du village visité par nous est exclusivement grecque et chrétienne. Il en est ainsi dans tous les villages de l'île, et, l'on peut ajouter, presque sans exceptions, dans les villages de toutes les îles de l'Archipel. On ne trouve des Turcs, à Rhodes, que dans la ville principale. Là sont des fonctionnaires, quelques soldats et quelques familles venues à leur suite ; la population, réellement indigène, ne voit en eux que des étrangers. Pour elle, la vraie patrie, le centre autour duquel gravitent ses désirs, ses aspirations, ses rêves, c'est, non pas Constantinople, mais Athènes. Rhodes est comme un satellite de cet astre renaissant. Au reste, il n'y a pas qu'une sympathie instinctive entre les membres dispersés de la grande famille Grecque ; il y a un échange incessant d'idées et même une sorte de solidarité.

Les jeunes gens qui peuvent recueillir quelque modeste pécule, vont à Athènes grossir le nombre des élèves de l'Université ; ils s'exaltent aux souvenirs du passé, et plus encore aux luttes du présent, aux espérances ambitieuses de l'avenir. Rentrés dans leur île, ils retrouvent un pacha qui commande, des Turcs, non pas toujours tyranniques, mais toujours pleins de mépris pour le raya Chrétien ; et ces étudiants de la veille deviennent autant d'apôtres des idées d'émancipation, autant de propagateurs ardents de la haine du Musulman. Ils n'allument pas encore l'incendie, mais ils le préparent. C'est une croisade prêchée tout bas de village en village, de maison en maison.

Les maîtres d'école ne sont pas les agents les moins puissants dans ce travail secret qui peu à peu mine l'empire Ottoman. Beaucoup d'entre eux sont Grecs de la Grèce libre. Ils viennent s'installer dans les villes de la côte Asiatique où l'élément Grec est très-nombreux, ou bien dans les îles. Le plus petit hameau a son école. Là ils sont bien reçus, environnés d'une sympathie qui s'affirme et par une grande considération, et par des appointements relativement considérables, et par des gratifications, des cadeaux de tous genres. Les enfants qui sortent de leurs mains, sont de fait des sujets Turcs, mais de cœur des citoyens Grecs.

Il est aisé de prévoir quelle sera un jour ou l'autre la conséquence fatale d'un semblable état de choses. Sans accepter les rêveries un peu extravagantes qui hantent l'esprit de quelques Grecs, sans croire que nous verrons jamais l'empire Byzantin rétabli ; on peut dire en toute assurance que Rhodes et les îles voisines feront retour à la Grèce. Les Turcs y sont une anomalie. Leur race n'a pas pu y prendre racine. Sans combats, sans luttes, par la force même des choses, ils en sont peu à peu refoulés. Les Grecs, exemptés du service militaire, ne cessent de se multiplier ; les Turcs qui doivent au contraire fournir tous les soldats de l'empire, diminuent sans cesse. L'équilibre sera inévitablement rompu ; les Grecs peuvent attendre en toute confiance, l'avenir est à eux. Ils triompheront un jour par l'école, s'ils ne triomphent pas par la guerre.

Tour de la Forteresse à Rhodes.

Boudroum (ancienne Halicarnasse).

II

LE TOMBEAU DE MAUSOLE

Cos, l'île d'Hippocrate. — Cnide, la ville de Vénus. — Halicarnasse, le mausolée du roi païen, le château des chevaliers chrétiens.

Le *Jura*, petit paquebot anglais qui dessert quelques îles de l'Archipel et quelques ports d'importance secondaire sur la côte d'Anatolie, nous prend à son passage à Makry, l'ancienne Telmissus, et après une courte escale à Rhodes, nous laisse à Cos, dans la matinée du 27 avril.

La ville de Cos, vue de la mer, présente un ensemble agréable et pittoresque. Elle s'étale sur une côte basse; une étroite bande de sable sépare à peine de l'eau ses premières maisons. Murailles et terrasses, comme toujours, sont d'une éclatante blancheur. Les flancs verts de quelques grandes montagnes se déploient en arrière. Sur la droite, prenant un petit promontoire pour piédestal, s'élève la citadelle, assemblage incohérent de tours, de fossés, de remparts, de bastions. L'étendard turc y flotte; mais avec quelques soldats, quelques douaniers, quelques fonctionnaires publics, c'est tout ce que Cos renferme de Turc. La population est Grecque et parle grec.

Cos est la patrie d'Hippocrate et l'on pourrait dire de la médecine, car, selon la légende, le dieu Esculape lui-même y aurait introduit l'étude de cette science. La médecine y fut longtemps en honneur et Cos resta, durant toute l'antiquité classique, une pépinière de médecins. On voit, dans les annales de Tacite, que Xénophon, le médecin de Claude, était originaire de Cos.

Ce Xénophon était-il fort habile dans l'art de guérir? C'est ce que nous ne saurions dire. Mais nous savons qu'il était fort habile dans l'art de tuer. Ce fut lui qui introduisit au gosier de l'empereur la plume empoisonnée qui termina son règne. Pauvre Claude! il avait cependant fait exempter Cos de tout impôt, en considération de sa sainteté et de l'éclat de ses écoles.

Quelques années auparavant, le nom de Cos avait

déjà été mêlé à une affaire d'empoisonnement non moins fameuse. Ce fut dans cette île que se retirèrent Pison et sa femme, pour attendre l'effet de certaine drogue malsaine qu'ils avaient fait boire, prétend-on, au bon Germanicus.

Le vin de Cos était renommé presque à l'égal de ses médecins; on le mélangeait avec de l'eau de mer pour lui donner une saveur qui réjouissait fort le palais des gourmets de Rome. Pline l'Ancien, qui nous donne ces détails, ajoute que Caton, le noble, le pur, l'incorruptible Caton le Censeur, avait trouvé le moyen d'imiter à merveille, avec des vins d'Italie, le vin de Cos. Faut-il le croire et certains de nos courtiers en vin, peu scrupuleux, auraient-ils donc le droit de mettre leur petite industrie sous ce vénérable patronage? Cos produisait encore une espèce de bombyx dont les cocons, filés comme ceux des vers à soie, donnaient des tissus d'une extrême finesse et très-recherchés des matrones un peu mondaines. Enfin on voyait à Cos une Vénus drapée, œuvre de Praxitèle.

Praxitèle avait fait deux Vénus, l'une nue que nous chercherons à Cnide, mais que nous ne trouverons pas, l'autre vêtue. Les habitants de Cos eurent la liberté de choisir; ils préférèrent la seconde Vénus, laissant la première à leurs voisins les Cnidiens. Était-ce un sentiment de pruderie qui dicta leur préférence, on a peine à le supposer, car ces scrupules entraient peu dans l'esprit des Grecs; la beauté les touchait plus que la décence. Toutefois les déesses, dans le principe, avaient presque toujours été représentées drapées; Praxitèle fut un des premiers qui osa les dépouiller de tout voile jaloux, et ce fut peut-être la témérité d'une innovation encore toute récente, qui effaroucha les habitants de la ville de Cos.

La ville actuelle est d'une étendue médiocre, et généralement plate. Selon l'usage, les rues étroites, tortueuses, sont hérissées de cailloux. C'est une ville comme on en voit un peu partout dans les îles de l'Archipel.

Au milieu d'un petit carrefour s'élève un grand mûrier. Un figuier s'est greffé au point de séparation des plus grosses branches; il a poussé vigoureusement, et les deux feuillages s'entremêlent, formant un hybride monstrueux qui déroulerait la science des botanistes. Le parasite prospère non moins que l'arbre dont il se nourrit.

Mais Cos renferme un phénomène plus curieux et plus grandiose. C'est l'arbre dit d'Hippocrate (tout Cos est encore plein du souvenir du célèbre médecin). Cet arbre, un platane d'Orient, occupe le centre de l'unique place de la ville; il l'ombrage tout entière. On ne voit pas souvent un aussi puissant végétal, et s'il ne remonte pas au temps d'Hippocrate, au moins compte-t-il assurément plusieurs siècles de vie. Cet âge énorme commence toutefois à lui peser. Il faut un bâton à l'homme devenu vieux, il a fallu à l'arbre toute une colonnade de pierre ou de bois. Le tronc, d'une prodigieuse, grosseur (près de dix mètres de circonférence), s'élève à peine à deux ou trois mètres du sol ; aussi les branches, démesurément étalées de toutes parts, auraient touché terre et se seraient brisées sans le soin religieux que l'on a pris de les soutenir. Ces colonnes, ou plutôt ces béquilles accusent la décrépitude menaçante du vieillard qu'elles portent ; le feuillage est touffu cependant, la sève circule encore, abondante et féconde jusqu'aux rameaux extrêmes. Cet arbre est comme un roi qui fléchit au poids de son diadème.

Un massif, un peu surélevé au-dessus du niveau de la place, règne tout alentour ; là on a réuni quelques antiquités, souvenirs de la Cos païenne. C'est un sarcophage chargé de pompeuses guirlandes, c'est une tête de cheval sculptée en bas-relief. Puis viennent des inscriptions grecques et deux chapiteaux ioniques très-ornementés, mais probablement d'une assez basse époque. Un petit café, une fontaine, quelques arbres qui abritent leur jeunesse débile sous la protection de leur majestueux aïeul, un cimetière turc dont les stèles s'inclinent au milieu des hautes herbes, complètent ce tableau bien oriental et tout à fait charmant.

Accompagné du consul grec, M. Epaminondas Alexaki, qui fort obligeamment se fait notre guide, nous allons visiter la citadelle. Elle remonte, au moins, en grande partie, au temps où les Chevaliers de Saint-Jean avaient fait de Cos une de leurs places fortes. Leurs possessions, en effet, n'étaient pas limitées à l'île de Rhodes, Rhodes était le point central, la capitale, mais tout alentour s'échelonnaient des châteaux, des postes qui obéissaient à la même autorité et que les Turcs n'eurent pas moins de peine à conquérir.

La citadelle de Cos, comme les remparts de Rhodes, présente un caractère mixte. Ce n'est plus une construction de l'époque féodale et ce n'est pas encore une construction moderne.

Les Chevaliers chrétiens n'étaient certainement pas plus respectueux des restes de l'antiquité que ne le furent après eux les pachas Musulmans. Temples et palais leur ont servi de carrière, et si l'on veut trouver, à Cos, quelques vestiges de ses magnificences passées, c'est au mur de la citadelle qu'il faut aller les chercher. Parfois cependant, caprice bizarre, les bâtisseurs du moyen âge semblent avoir vaguement senti la richesse et la beauté de certains fragments antiques; ils ont prétendu à leur tour s'en servir comme d'un motif de décoration. Ainsi, au-dessus de la grande porte, nous voyons une frise où des guirlandes relient masques tragiques et comiques.

A l'intérieur, tout est à demi ruiné. Il y a peu d'années, comme à Rhodes, la poudrière a sauté, jetant bas une tour et un large pan de mur. Quelques canons débonnaires montrent leur gueule aux embrasures; ils ne seraient plus redoutables que pour les artilleurs qui auraient la témérité de s'en servir. Comme à Rhodes encore, on a enlevé de leurs affûts, hélas! sans doute pour les conduire à la fonderie, quelques pièces de bronze anciennes et fort remarquables. Je me souviens d'une couleuvrine blasonnée, d'une longueur démesurée. Toujours comme à Rhodes, les écussons sont très-nombreux. Les Chevaliers, gravant de toutes parts leurs emblèmes, leurs devises, leurs titres de noblesse et de gloire, signaient, pour ainsi dire, et les canons et la citadelle elle-même. Il est aussi des inscriptions en caractères gothiques; l'une d'elles porte la date de 1475.

Puis à côté de ces pages qui témoignent des exploits des Chevaliers chrétiens, il est d'autres marbres qui parlent d'un autre peuple et d'une autre foi. Quelques autels sont là gisants; ils portent des bucranes que des guirlandes réunissent; quelques lettres grecques à demi effacées, proposent l'énigme d'inscriptions confuses. Deux statues président cette assemblée de débris, l'une d'homme, l'autre de femme. Elles sont chastement drapées; et cependant, par je ne sais quelle fantaisie grotesque, on les a enveloppées encore de grossiers chiffons.

On ne fait toutefois nulle difficulté de les dépouiller à notre intention de ces vêtements supplémentaires. Pauvres statues, elles étaient l'une et l'autre décapitées, mais on avait dans la forteresse une tête sans corps, c'était le complément obligé d'un corps sans tête. C'était une tête d'homme, on l'a mise sur les épaules de la statue de femme. Les Turcs n'y regardent pas de si près. Signalons cependant avec respect et admiration cette tentative de restauration ; une statue raccommodée, même un peu à l'aventure, par des mains musulmanes, quel prodige !

La même tour porte un lion quelque peu mutilé et un écusson aux fleurs de lis de France ; deux anges agenouillés le protègent de leurs ailes. Un bas relief réunit plusieurs figures affreusement martelées, mais où l'on devine encore quelques nobles attitudes, quelques mouvements bien saisis. Puis, voici des masques qui faisaient partie de la frise dont nous avons vu, au-dessus de l'entrée, un fragment plus considérable. Enfin pour couvrir un passage qui réunit deux enceintes, on a eu l'idée barbare de coucher côte à côte des monolithes de granit, quelques-uns ont éclaté ; et cette colonnade, englobée sous les plus misérables masures, se perd à demi dans l'ombre.

A une heure et demie environ de Cos, on trouve la fontaine d'Hippocrate. Hippocrate ! toujours Hippocrate ! On ne jure ici que par lui ; une famille porte encore son nom, et l'on serait mal venu de lui contester l'authenticité de cette illustre origine.

La fontaine d'Hippocrate alimente la ville ; elle va à Cos, portée par un aqueduc de construction ou du moins de reconstruction moderne. Cet aqueduc nous sert de guide. Ses arcades, petites et très peu majestueuses, enjambent jardins, champs et vergers ; elles sont toutes festonnées d'herbes, de fougères, de mousses, de fleurettes mignonnes, car elles ne gardent pas avec un soin jaloux l'eau qui leur est confiée. Les voûtes suintent et les piles ruissellent. Les orangers sont nombreux et forment d'épais bosquets ; quelques palmiers apparaissent, mais fort rares et sans vigueur.

Nous nous élevons peu à peu ; les champs de blé succèdent aux jardins. L'horizon s'élargit ; nous découvrons librement et le golfe où Boudroum remplace Halicarnasse, la cité de Mausole et d'Artémise, et le cap Krio où Vénus ne reconnaîtrait plus Cnide, et la ville de Cos tout entière qui enchâsse ses blanches maisons entre la mer bleue et la campagne verte.

Toute trace de culture bientôt disparaît. Nous cheminons péniblement sur des pentes rocailleuses où quelques buissons au feuillage rude consentent seuls à végéter. Parfois le sol se creuse en profondes ravines. L'eau qui descend à la ville n'a plus d'arceaux pour l'emporter ; elle serpente dans un petit canal fait de grosses pierres ou taillé au vif du rocher. Un murmure mystérieux nous la révèle et indique la direction que nous devons suivre ; les sentiers ou plutôt les pistes s'entrecroisent au hasard et bientôt même s'effacent complétement. Nous atteignons enfin un vallon. La végétation plus vigoureuse, l'herbe plus épaisse, tout annonce le voisinage d'une source et son influence bienfaisante. Une galerie ménagée dans le rocher, assez haute pour qu'un homme puisse y circuler, mais toute pleine d'éternelles ténèbres, s'enfonce aux entrailles de la montagne : c'est la fontaine d'Hippocrate. Quelques grands arbres l'entourent, un cyprès noir, un platane énorme. A l'heure où nous arrivons, la nuit approche, le soleil rouge incline aux limites dernières de l'horizon, allongeant démesurément les ombres. Un petit troupeau est venu reposer auprès de la fontaine ; chiens, moutons, bergers sont couchés dans l'herbe, et parfois quelques courts bêlements s'élèvent de cette masse confuse.

Le 28 avril fut une journée de pluie, c'est-à-dire une journée monotone, insipide, mais la seule qui, durant tout notre voyage, ait été ainsi attristée. Que faire à Cos quand il pleut? Problème embarrassant ! Mais l'obligeance infatigable du consul grec devait le résoudre aussi heureusement que possible. M. Alexaki s'arme bravement d'un parapluie (un parapluie à Cos, quelle honte pour le ciel d'Orient !), et nous conduit de maison en maison, non pas pour le seul plaisir de voir d'aimables gens qui, du reste, nous reçoivent courtoisement et partout nous prodiguent confitures et café, mais pour nous faire connaître diverses antiquités recueillies à Cos ou dans les environs.

Il n'est plus, avons-nous dit, un seul édifice debout ; mais le hasard amène souvent de curieuses découvertes. Quels tristes débris cependant ! Et quels ravages a subis ici l'antiquité païenne ! On nous montre quelques têtes, on les a martelées ; quelques bas-reliefs, entre autres un centaure combattant, on l'a odieusement défiguré ; une petite

Vénus nue, assez intéressante, on lui a brisé tête, bras et jambes. Souvent les objets que l'on s'empresse à nous apporter, ne méritent même pas un souvenir. La plupart sont d'un travail médiocre et ne doivent pas remonter au delà de l'époque Romaine.

Pataugeant dans la boue, nous allons jusqu'à une propriété distante de deux kilomètres environ de Cos. On nous promettait des colonnes, des sculptures, que sais-je? Toutes ces merveilles se réduisent à un fragment d'inscription grecque, presque illisible, maintenant enchâssé dans la fenêtre d'un vieux moulin. Quelques substructions informes, de l'époque Romaine, ne méritaient pas davantage les honneurs d'une visite.

Mais, sans doute pour compenser ces déceptions fâcheuses, la dernière épave cherchée par nous et péniblement trouvée, présentait un véritable intérêt : c'est une tête de femme en marbre, de proportions colossales. Cette figure devait excéder cinq ou six fois la taille ordinaire de notre humble humanité. Le front porte un diadème, et les cheveux, non sans grâce et sans souplesse, ondulent sur les tempes ; par malheur, tout le bas du visage manque. Encore une de ces mutilations furieuses qui semblent l'œuvre de je ne sais quelle haine aveugle et folle. C'est dommage ; cette tête avait du style et de la majesté. Elle gît abandonnée là même où elle fut trouvée, il y a peu de temps, dans un champ que dominent les arcades de l'aqueduc.

La matinée du 29 avril nous voit prendre passage à bord d'un caïque, car maintenant il n'est plus de bateau à vapeur et nous devons nous contenter de l'assistance toujours incertaine des voiles.

Trois hommes et un jeune garçon composent notre équipage. Notre caïque a un petit mât, un petit beaupré ; on peut se tenir accroupi dans sa cale tapissée de cailloux qui servent de lest. Mais c'est là un antre perfide ; que d'ennemis féroces il recèle ? J'ai rarement vu, dans un espace aussi étroit, tant d'êtres animés et d'espèces si différentes : cloportes, fourmis, cancrelas, d'autres insectes d'un usage plus intime, avaient là des colonies nombreuses et prospères. On aurait pu faire à bord un cours d'entomologie comparée. Notre caïque traîne à la remorque un canot minuscule.

Au moment de notre départ, la mer est grosse, le ciel nuageux, le vent violent mais favorable ; tout nous présage une traversée, rude peut-être, mais rapide. Nous gouvernons vers le sud-est. Le cap Krio sera notre première escale.

Mais qui donc connaît cela, le cap Krio ; quelques pêcheurs d'éponges, quelques vieux corsaires exceptés ? Laissons donc ce nom sans écho, et reprenons le nom antique ; celui-ci du moins éveille aussitôt dans la pensée les plus illustres souvenirs. Nous n'allons pas à Krio, nous allons à Cnide.

Cnide occupe, ou plutôt occupait l'extrémité d'une presqu'île très-longue, très-étroite et qui se rétrécit là où elle se relie au continent. Aussi, nous dit Hérodote, les Cnidiens avaient-ils entrepris de séparer leur territoire de la terre ferme ; ils voulaient devenir insulaires. Mais les travaux, à peine commencés, furent marqués par de nombreux accidents ; les éclats de pierre blessaient souvent ou tuaient les ouvriers. En présence d'un événement aussi surnaturel, on résolut d'envoyer une députation à Delphes, pour consulter l'oracle. « Si Jupiter « avait voulu que Cnide fût une île, répondit la Py- « thie, il n'en aurait pas fait une presqu'île. » Cette réponse, digne de M. Prudhomme, décida l'abandon de l'entreprise, et Cnide resta ce que Jupiter l'avait fait, une presqu'île.

Lucien, dans ses *Amours*, parle de Cnide. C'est là que dans un voyage imaginaire, il se transporte lui-même en compagnie de deux Rhodiens. Les trois amis visitent successivement trois temples, tous consacrés à Vénus et admirent longuement, dans l'un deux, la fameuse Vénus de Praxitèle que l'on vantait dans tout le monde grec, comme un chef-d'œuvre merveilleux. Le roi Nicomède avait voulu l'acquérir ; il offrit aux Cnidiens de payer toutes leurs dettes, et il paraît que ces dettes atteignaient une somme énorme. Les Cnidiens refusèrent cependant, jugeant le marché désavantageux, car leur Vénus était pour eux une source de profits quotidiens ; que d'étrangers, en effet, n'étaient attirés à Cnide que par le désir de voir le marbre de Praxitèle !

Cette Vénus, dont les Vénus de Médicis et du Capitole sont peut-être des imitations lointaines, mais admirables encore, était placée dans un petit temple ouvert de toutes parts. Sans voiles, sans mystère, la déesse se révélait à tous les yeux, dans sa jeunesse immortelle et sa triomphante beauté.

On montrait encore à Cnide une Minerve et un Bacchus de Scopas. Mais il n'est plus ni temples, ni portiques, ni colonnes, ni marbres de Praxitèle, ni marbres de Scopas, ni déesses, ni dieux.

Après deux ou trois heures de navigation, nous trouvons une grande masse aride, rocailleuse. Du côté de la mer, elle présente une falaise coupée à pic, et de l'autre côté des pentes plus accessibles, mais encore très-abruptes. Quelques restes de muraille s'y confondent avec le rocher.

Nous doublons ce cap, non sans quelque difficulté, car le vent s'obstine à nous emporter dans la direction de Rhodes ; puis tout à coup, à l'abri du cap même qui fait l'office d'une digue formidable, nous découvrons un premier, puis un second port. Ils se font pendant : l'un s'ouvre vers le Nord, et l'autre vers le Sud. Une jetée assez basse, ou plutôt un isthme que les hommes peut-être ont aplani et régularisé, les sépare et relie le cap au site où la ville même de Cnide s'élevait. La nature avait ébauché ces deux ports, et les Cnidiens n'eurent qu'à compléter son œuvre.

Le port qui regarde le Sud, le plus grand, est encore protégé par une digue dont la mer a quelque peu dérangé les blocs. L'autre qui regarde le Nord, est plus petit ; il a deux môles assez bien conservés entre lesquels une passe étroite est ménagée. Une tour la protége, construction remarquable ; elle est ronde, assez basse, mais très-grosse et d'une apparence robuste, le rocher nu lui sert de piédestal. Les blocs, disposés en assises régulières, soigneusement appareillés, mesurent souvent plus de deux mètres de longueur. Il n'est ni mortier, ni ciment ; le poids de ces masses suffit à assurer leur solidité. Des murailles de défense paraissent s'être rattachées à la tour ; quelques vestiges en subsistent, mais dispersés dans les broussailles.

Comme toute ville antique, Cnide avait un théâtre, encore reconnaissable. Peut-être était-il de fondation Hellénique, mais sans aucun doute il fut restauré, remanié à l'époque Romaine. Il s'adosse à une montagne ; à droite, à gauche de la scène, s'ouvrent des couloirs voûtés, ainsi qu'aux théâtres Romains. Quelques blocs indiquent vaguement l'alignement des gradins ; toutes les constructions qui décoraient la scène ont été rasées au niveau du sol. Aucun détail d'ornementation n'a échappé à la destruction ; cet édifice au reste était, selon toute apparence, d'une médiocre magnificence, et dans tous les cas on peut affirmer qu'il était d'une médiocre grandeur.

La montagne où s'adosse le théâtre, domine les deux ports ; elle paraît avoir porté les principaux monuments de Cnide et sans doute ses temples longtemps si révérés. Le sol est semé de débris ;

des ruines surgissent, peu importantes, méconnaissables pour la plupart. C'est une sorte d'abside avec une voûte à plein cintre, puis une esplanade évidemment ménagée ou régularisée de main d'homme et qu'un monument considérable, quelque temple, a dû couronner. Des marbres en poussière, deux ou trois blocs informes, voilà tout ce qui en reste.

Mais si les ruines de Cnide ne sont pas dignes de sa gloire, de quel cadre magique elles s'environnent cependant! Ce que l'homme avait fait a presque complétement disparu, mais ce que la nature avait fait avant lui, subsiste, beau d'une beauté éternelle, gracieux d'une grâce qui ne saurait périr, grand d'une grandeur qui défie les siècles et les plus furieuses dévastations. De l'esplanade, où nous nous sommes arrêtés, les yeux embrassent un vaste panorama. Sous nos pieds, ce sont des décombres, des dieux en poudre; derrière nous une grande falaise se dresse, montrant quelques petites excavations sur ses murs de rocher. Puis descendent des pentes abruptes; quelques oliviers sauvages s'y cramponnent, quelques buissons rudes y remplacent les bosquets parfumés longtemps chers à Vénus.

Plus bas s'arrondissent les deux ports, tranquilles, souriants. Les vagues expirent sur leurs digues mollement, sans bruit, comme si elles comprenaient que ces douces retraites leur sont interdites et que ce serait sacrilége d'éveiller la cité qui dort. L'eau est si limpide qu'elle révèle les mystères de ses profondeurs ; nous voyons et les algues échevelées, et les cailloux luisants, et les rochers sombres. Plus de galères, plus de trirèmes majestueuses. Notre caïque est là, ancré, tout petit dans ce vide immense ; et de l'autre côté, près du bord, sont venus s'amarrer deux barques que montent des pêcheurs d'éponges. Une caverne s'ouvre sur ce qui fut un quai, là une fumée abondante monte vers le ciel, elle annonce non un autel où l'encens brûle encore, mais le feu où notre équipage prépare le repas du soir.

Pas une maison, pas une masure, pas une cabane de roseaux, rien, tout a péri ; Cnide est un grand tombeau, et la mort s'est étendue tout alentour, car il faut faire plusieurs lieues pour trouver le plus prochain village. Mais pourquoi se plaindre de cette solitude et de cet abandon ? L'émotion n'en est que plus profonde ; là où le présent se tait, on entend mieux le murmure du passé. Il n'est nulle voix indiscrète qui se mêle au concert des grands souvenirs. Cnide fut plus splendide sans doute, au temps où les pèlerins remplissaient ses sanctuaires, Cnide ne fut jamais plus sublime.

Mais le champ qu'embrasse le regard n'est pas borné à cette terre sacrée ; la mer se découvre au-delà sur un vaste espace, la mer, azurée près de ses rivages, blonde aux limites dernières de l'horizon, partout rayonnante comme au jour où Vénus en sortit radieuse, le sourire aux lèvres, le diadème au front. Les îles s'échelonnent toutes plus élégantes, plus gracieuses l'une que l'autre, c'est Rhodes et sa croupe puissante, c'est Khalmi, c'est Tylos et Nisyros, c'est Yali et Cos, autant de nids charmants où l'on rêve les Syrènes chantantes et les rieuses Néréides.

A quelques kilomètres au sud de Cnide, une tombe qui dut être considérable, occupe la cime d'un promontoire. Elle a été par malheur furieusement dévastée. C'était un massif carré fait de gros blocs et décoré de colonnes à demi engagées. Dans les fragments épars on reconnaît des triglyphes et des tambours sans cannelures. Une chambre ronde où des brèches béantes donnent aujourd'hui facile accès, occupe le centre du monument. Un lion de marbre colossal et du plus noble style, trônait sur le faîte; retrouvé par une expédition Anglaise, il a été emporté au British Museum.

De Cnide pour gagner ce tombeau, on suit la côte, marchant péniblement dans les rochers et les broussailles, car il ne faut pas chercher de chemins en Anatolie. La campagne est partout fort belle; quelques ruines apparaissent; ce pays complétement désert, a été évidemment très-peuplé. Les murs encore en partie debout, montrent un bel appareil. Nous rencontrons des sources que les lauriers roses ombragent.

Nous passons la nuit dans notre caïque, hélas! en nombreuse compagnie. Pour comble de disgrâce, l'humidité de la mer a avarié nos provisions. Un

gigot que nous avions empaqueté précieusement,
un jambon, suprême espoir, se trouvent hérissés
de cryptogames qui tiendront lieu d'assaisonnement.

Après deux jours passés à Cnide, dans la nuit du
30 avril au 1ᵉʳ mai, nous reprenons la mer à destination de Boudroum. Pas de vent, calme plat, et
notre voile sans souffle, semble un chiffon qui sèche
au soleil. Il faut manœuvrer péniblement les avirons.

Le petit canot est mis à la mer; un de nos hommes y prend place, il rame, s'efforçant de remorquer notre caïque si léger naguère, si pesant maintenant. Nous nous trainons avec une pitoyable lenteur.
Cependant nous gagnons une pointe rocheuse qui
dépend de l'île de Cos. Là, près d'une grotte, un
aigle est venu mourir; il git sur le rivage, ses
grandes ailes étendues, ses serres contractées. Mais
à peine avons-nous touché terre que la brise se
lève; aussi nous hâtons-nous de remonter à bord.
Notre voile se gonfle et s'agite joyeusement; notre
caïque semble avoir secoué sa torpeur, il file, fendant
hardiment la vague. Boudroum, tapi au fond du
golfe, grandit rapidement; nous voyons se préciser
les contours du rivage et l'on dirait que la ville
vient au-devant de nous.

Boudroum, bourgade sans gloire, efface le nom
et usurpe l'emplacement d'Halicarnasse. Halicarnasse brille dans le passé classique, au rang des
plus illustres cités; c'est la ville des Artémises, et

de celle qui, vaincue avec son suzerain Xerxès, dans la baie de Salamine, mérita cependant par sa valeur l'admiration des Grecs, et de celle, plus fameuse encore, qui consacra le plus fastueux de tous les tombeaux, à Mausole, son frère et son mari. Chez bien des nations Orientales, l'usage acceptait la légitimité de ces unions que nous trouverions incestueuses. Le Mausolée, compté par les anciens au nombre des sept merveilles du monde, attesta pendant bien des siècles combien Mausole fut aimé et quels furent les regrets d'Artémise devenue veuve. Mausole mourut en 353 avant notre mère, après vingt-quatre ans de règne ; il était né à Mélassa, ville distante d'une journée de marche d'Halicarnasse et que nous traverserons bientôt pour gagner Éphèse.

Mausole reconnaissait la suzeraineté des rois de Perse, mais très-vaguement et de fait il semble avoir régné en souverain indépendant. A la Carie dont ses aïeux lui avaient transmis la possession, il réunit, à la suite de guerres heureuses, le pays des Létèges, le pays des Cauniens, presque toute la Lycie et une grande partie des îles que peuplait la race Ionienne. Mausole fut un prince puissant ; mais la gloire coûte cher, les vaincus doivent la payer, quelquefois aussi les vainqueurs. « Mausole
« dit Prosper Mérimée en son étude sur les marbres
« d'Halicarnasse, rançonna ses voisins, et parmi les
« *pasteurs* des peuples, comme parle Homère, nul
« n'eut l'art de tondre son troupeau de plus près.

Tombeau de Mausole.

« Dans ses états, il tirait argent de tout : il fallait
« payer pour se faire enterrer; un mort n'entrait
« pas au cimetière avant que le fisc n'eut emboursé
« une drachme. Il avait établi un impôt sur les che-
« veux, et pour porter perruque dans son royaume
« il en coûtait cher. Aussi avait-il amassé un grand
« trésor. Ce trésor et les relations fréquentes des
« Cariens avec les Grecs expliquent comment le tom-
« beau de Mausole devint une des sept merveilles
« du monde. »

L'histoire ne nous dit pas quels furent les regrets
des peuples délivrés de ce despote rapace, mais elle
nous dit quels furent les regrets d'Artémise et les
éclats de cette douleur légendaire ont retenti à travers
les âges jusqu'à nous.

« On dit qu'Artémise eut pour son époux Mausole
« un amour extraordinaire, raconte Aulu-Gelle, au-
« dessus des passions célèbres que nous retrace la
« fable, au-dessus de tout ce que l'on peut attendre
« de la tendresse humaine. Mausole fut, selon Ci-
« céron, roi de la Carie; selon certains historiens
« Grecs, gouverneur ou satrape de la province de
« Grèce. Après sa mort, Artémise serrant son corps
« entre ses bras, et l'arrosant de ses larmes, le fit
« porter au tombeau avec un magnifique appareil.
« Ensuite, dans l'ardeur de ses regrets, elle fit mê-
« ler les os et les cendres de son époux à des
« parfums, les fit réduire en poussière, les mêla
« dans sa coupe avec de l'eau et les avala. Elle
« donna encore d'autres marques d'un violent

« amour. Elle fit élever à grands frais, pour conser-
« ver la mémoire de son époux, ce sépulcre fa-
« meux, qui mérita d'être compté au nombre des
« sept merveilles du monde. Le jour où elle dédia
« le monument aux mânes de Mausole, elle établit
« un concours pour célébrer les louanges de son
« époux ; le prix était une somme considérable
« d'argent, et d'autres récompenses magnifiques.
« Des hommes distingués par leur génie et leur élo-
« quence vinrent disputer le prix ; c'était Théo-
« pompe, Théodecte, Naucritès. On a même dit
« qu'Isocrate avait concouru. Quoiqu'il en soit,
« Théopompe fut proclamé vainqueur.... »

Ainsi parle Aulu-Gelle, mais ce n'est pas une autorité très-sérieuse et son historiette peut bien n'être pas de tous points authentique. J'y relève une erreur et même une impossibilité. Artémise ne survécut que deux ans à l'époux qui lui fut si cher; elle ne put donc pas inaugurer le Mausolée et certainement elle était morte lorsque fut terminée l'œuvre conçue et commencée par elle.

Toutefois, en ces deux années de veuvage, Artémise ne fit pas que répandre des larmes, et Vitruve nous raconte un trait de courage qui honore la reine autant que ses inconsolables regrets peuvent honorer l'épouse.

Mausole mort, les Rhodiens complotèrent d'attaquer Halicarnasse et peut-être de conquérir la Carie. La reine avertie, fait cacher sa flotte dans un petit port que dissimulait la masse du palais. La flotte

Rhodienne ne rencontre aucune résistance dans le grand port. Un signal leur est fait du haut des remparts pour leur annoncer que la ville est disposée à se rendre. Les Rhodiens débarquent et pénètrent dans la ville. Aussitôt Artémise fait ouvrir le petit port; ses matelots s'emparent des vaisseaux abandonnés, et des soldats, surgissant de toutes parts, massacrent les envahisseurs qui flânaient sans défiance dans les rues. Mais ce n'est pas tout, et Artémise ne juge pas encore son triomphe assez complet. La flotte par elle conquise et qui maintenant lui obéit court droit à Rhodes.

Les Rhodiens reconnaissant leurs navires, chantent déjà victoire et s'amassent sur le rivage pour recevoir leurs frères, leurs fils, leurs amis. Ils trouvent une reine terrible comme Bellone qui prend leur ville et met à mort les principaux de ses habitants. Puis, voulant laisser sur la terre même de ses ennemis, un monument de sa victoire et de leur abaissement, elle fait élever un trophée avec deux statues de bronze, l'une qui représentait Rhodes, l'autre qui la représentait elle-même, imprimant au front de la ville vaincue, les stigmates de la servitude. Délivrés quelque temps après, les Rhodiens respectèrent cependant cet insolent trophée; ils se contentèrent de le dissimuler derrière une colonnade, selon quelques auteurs, derrière un mur selon d'autres, se montrant plus jaloux de conserver une œuvre d'art que d'anéantir un témoignage de leur défaite.

On peut conclure de cette histoire qu'Artémise était vaillante, hardie, mais aussi que les navires de son temps ne devaient pas beaucoup dépasser la taille de notre caïque.

Quel que fut l'héroïsme d'Artémise, elle ne paraît pas toutefois avoir pu soustraire son royaume de Carie à la suzeraineté des rois de Perse. Elle morte, cette suzeraineté se transforma en un assujétissement complet, et quelques années avant la conquête d'Alexandre, un satrape vint remplacer les rois proscrits; la Carie n'était plus qu'une province. Aussi lorsque le héros macédonien parut devant Halicarnasse, il vit accourir à son camp une certaine Ada qui se prétendait l'héritière légitime de ce trône supprimé. Alexandre l'accueillit avec faveur ; il était pour lui d'une bonne politique de réparer les injustices du grand roi et de protéger les roitelets indigènes ; mais Ada ne put prendre possession que d'une cité affreusement ravagée.

En effet, Memnon, général de Darius, commandait à Halicarnasse, et jusqu'au jour où il dut se réfugier à Cos, il s'y défendit furieusement. Le mausolée toutefois qui n'était achevé que depuis bien peu d'années, paraît avoir échappé à tout outrage.

Après le siège d'Alexandre, Halicarnasse ne présente plus dans son histoire aucun événement illustre. Les tremblements de terre, fléau de toute cette région, renversèrent ses monuments. Puis vinrent les Chevaliers de Saint-Jean qui construisirent un château, mais alors Halicarnasse n'était plus que Boudroum.

L'antiquité nous vante le Mausolée d'Halicarnasse à l'égal des autres merveilles du monde, mais elle n'a pas pris souci de nous le faire très-nettement connaître. Un peu moins de dithyrambes, un peu plus de descriptions, et nous ne serions pas condamnés à admirer sur parole.

Les textes des auteurs anciens qui parlent du Mausolée, sont peu nombreux, peu concluants et nous les aurons bien vite passés en revue.

Écoutons Pline qui reste l'autorité principale et nous transmet les renseignements les plus étendus :

« Scopas eut pour contemporains et pour rivaux
« Bryaxis, Timothée et Léocharès, desquels il faut
« parler en même temps, parce qu'ils ont travaillé
« ensemble au Mausolée. On appelle ainsi le tom-
« beau érigé par Artémise à son mari Mausole,
« petit roi de Carie, mort l'an II de la cent sixième
« olympiade. C'est surtout grâce à ces artistes que
« cet ouvrage est compté entre les sept merveilles
« du monde. Il a au midi et au nord soixante-trois
« pieds ; les fronts sont moins étendus. Le circuit
« est en tout de quatre cent onze pieds ; la hauteur
« est de vingt-cinq coudées. Il est entouré de trente-
« six colonnes. On l'a nommé Ptéron. Le côté du
« levant a été travaillé par Scopas ; celui du nord
« par Bryaxis ; du midi par Timothée ; du couchant
« par Léocharès. Avant l'achèvement, la reine mou-

« rut ; mais les artistes ne quittèrent pas leur ou-
« vrage avant de l'avoir terminé, pensant que c'était
« là un monument de leur gloire et de celle de
« l'art. Aujourd'hui encore ces artistes se disputent
« la palme. Un [cinquième y a aussi coopéré. Au-
« dessus du Ptéron est une pyramide aussi haute
« que la partie inférieure. Formée de vingt-quatre
« degrés en retraite, elle se termine par une plate-
« forme où est un quadrige fait par Pythis. Cette
« addition donne à tout l'ouvrage une hauteur de
« cent quarante pieds. »

Hygin, en ses *fables mythologiques*, dit :

« Le tombeau du roi Mausole bâti en marbre
« lychnite est haut de quatre-vingts pieds et a trois
« cent quarante pieds de tour. »

Pausanias, au chapitre XVI de son Arcadie, parle incidemment du mausolée :

« Celui (le tombeau) qu'on voit à Halicarnasse, a
« été érigé au roi Mausole. Il est si merveilleux par
« sa grandeur et par sa magnificence que les Ro-
« mains, pleins d'admiration pour ce monument,
« donnent chez eux le nom de mausolée à tous les
« tombeaux remarquables. »

Le grand railleur Lucien, dans l'un de ses dialogues des morts, met en scène le roi Mausole et lui fait dire :

« J'ai dans Halicarnasse un tombeau immense
« tel que jamais mort n'en a eu de plus splendide.
« Les chevaux et les hommes qu'on y a sculptés,
« sont admirablement faits et d'un si beau marbre

« qu'on ne sauraittrouver même un temple aussi
« magnifique. »

Ménippe cyniquement rabat l'orgueil du roi Mausole :

« Ton ombre n'en est pas plus belle, et tout roi
« que tu fus, tu ne fais pas aux enfers plus sédui-
« sante figure que moi. »

Citons encore Vibius Sequester auteur fort obscur et qui vivait on ne sait trop à quelle époque, peut-être au cinquième, peut-être au septième siècle :

« Le Mausolée qui est en Carie, est haut de cent
« quatre-vingts pieds et a quatre cents pieds de
« tour. C'est là qu'est placé le sépulcre du roi en
« marbre lychnite. »

A ces renseignements glanés dans les auteurs anciens, nous joindrons un document beaucoup plus moderne, très-important cependant et le seul qui donne quelques indications sur les dispositions intérieures du Mausolée. Nous transcrirons le texte complet, en conservant même son orthographe surannée :

« L'an 1522, lorsque Sultan Solyman se préparoit
« pour venir assaillir les Rhodiens, le Grand Maistre
« sçachât l'importance de ceste place, et que le
« Turc ne faudroit point de l'empiéter de première
« abordée, s'il pouvoit, y envoya quelques cheva-
« liers pour la remparer et mettre ordre à tout ce
« qui estoit nécessaire soustenir l'ennemi, du
« nombre des quels fut le commandeur de la Tour-
« rette Lyonnois, le quel se treuva depuis à la prise

« de Rhodes et vint en France, où il fit de ce que ie
« vay dire maintenât, le récit à Monsieur d'Ale-
« champs, personnage assez recongnu par ses doctes
« escrits, et que ie nomme seulement, afin qu'on
« sçache de qui ie tien une histoire si remarcable.
« Ces chevaliers estans arrivés à Mésy (plusieurs
« auteurs, Teuvet entre autres, désignent sous ce
« nom maintenant inusité l'emplacement d'Hali-
« carnasse), se mirent incontinent en devoir de
« faire fortifier le chasteau, et pour avoir de la
« chaux, ne treuvans pierre aux environs plus
« propre pour en cuire, ny qui leur vinst plus aisée,
« que certaines marches de marbre blanc qui s'es-
« levoient en forme de perron emmy d'un champ
« près du port, là où iadis estoit la grande place
« d'Halicarnasse, ils les firêt abbattre et prendre
« pour cest effect. La pierre s'estant rencôtrée
« bonne, fût cause que ce peu de maçonnerie qui
« paroissoit sur terre, ayant esté démoli, ils firent
« fouiller plus bas en espérance d'en treuver davan-
« tage. Ce qui leur succéda fort heureusement, car
« ils recongnurent en peu d'heures, que de tant plus
« qu'on creusoit profond, d'autant plus s'eslargis-
« soit par le bas la fabrique, qui leur fournit par
« après de pierres, non-seulement à faire de la
« chaux, mais aussi pour bastir. Au bout de quatre
« ou cinq iours, après avoir faict une grande des-
« couverte, par une après disnée ils virent une
« ouverture comme pour entrer dedans une cave :
« ils prirent de la chandelle, et dévalèrent dedans,

« où ils treuvèrent une belle grande salle carrée,
« embellie tout au tour de colonnes de marbre, avec
« leurs bases, chapiteaux, architraves, frises et
« cornices gravées et taillées en demy bosse : l'en-
« tredeux des colonnes estoit revestu de lastres,
« listeaux ou plattes-bandes de marbre de diverses
« couleurs ornées de moulures et sculptures con-
« formes au reste de l'œuvre, et rapportés propre-
« ment sur le fond blâc de la muraille, où ne se
« voyoit qu'histoires taillées, et toutes batailles à
« demy relief. Ce qu'ayans admiré de prime face et
« après avoir estimé en leur fantasie la singularité
« de l'ouvrage, enfin ils défirent, brisèrent et rom-
« pirent, pour s'en servir comme ils avoyent faict
« du demeurant. Outre ceste sale ils treuvèrent
« après une porte fort basse qui conduisoit à une
« autre, comme antichambre, où il y avoit un sé-
« pulcre avec son vase et son tymbre de marbre
« blac, fort beau et reluisant à merveilles, lequel
« pour n'avoir pas eu assez de temps, ils ne des-
« couvrirent, la retraite estant desjà sonnée. Le
« lendemain après qu'ils y furent retournés, ils
« treuvèrent la tombe descouverte, et la terre semée
« tout autour de force petits morceaux de drap
« d'or, et paillettes de mesme métal : qui leur fit
« penser, que les corsaires qui escumoyent alors le
« large de toute ceste coste, ayans eu quelque vent
« de ce qui avoit esté descouvert en ce lieu là, y
« vindrent de nuict, et ostèrent le couvercle du
« sépulcre, et qu'ils y treuvèrent des grandes ri-

« chesses et thrésors. Ainsi ce superbe sépulcre,
« compté pour l'un des sept miracles et ouvrages
« merveilleux du monde, après avoir eschappé à
« la fureur des Barbares, et demeuré l'espace de
« 2247 ans debout (grave erreur de Guichard,
« en 1522 le Mausolée ne comptait pas plus de
« dix-huit cent soixante et douze ans), du moins
« enseveli dedans les ruines de la ville d'Halycar-
« nasse, fut descouvert et aboli pour remparer le
« chasteau de Saint-Pierre par les chevaliers croi-
« sés de Rhodes, lesquels en furent incontinent
« après chassés par le Turc, et de toute l'Asie
« quant et quant. »

Ainsi parle Guichard, et sous des erreurs proba-
bles, des exagérations évidentes mais sincères, on
entrevoit des faits qui sans doute sont réels quant
aux traits généraux.

Selon Vitruve, deux architectes Pythéus et Sa-
tyrus présidèrent à la construction du Mausolée.

On a pu remarquer que les noms des artistes
appelés à décorer le Mausolée comme les noms des
panégyristes appelés à célébrer la gloire de Mausole, sont tous Grecs. L'âge de Périclès était fini ; la
Grèce cependant restait, et pour longtemps encore,
la patrie des grands artistes comme des grands
orateurs. Les rois pouvaient la conquérir, l'asservir,
mais seule elle savait dignement consacrer une renommée, chanter un triomphe, et ses vainqueurs
eux-mêmes lui doivent leur immortalité.

Nous avons indiqué les principaux documents

écrits que les âges passés nous ont transmis au sujet du Mausolée. Il nous reste à parler de documents plus précieux encore, plus dignes de foi, ceux-ci de marbre, à parler des débris retrouvés dans les fouilles. Au monument lui-même, s'il le peut encore, de nous dire ce qu'il fut.

L'histoire de ces fouilles, entreprises d'abord aux frais d'une société d'archéologues anglais, puis continuées aux frais du gouvernement anglais, lui-même, en 1856 et 1857, suffirait à illustrer celui qui les dirigea, M. Newton, le savant conservateur du British Museum. Que de labeurs! Que de négociations pénibles! Que de peines et de dépenses!

Le terrain convoité avait été morcelé et appartenait à plusieurs propriétaires. Avant tout il fallait les exproprier, acheter parcelle à parcelle, et quelquefois très-cher, bien que les acquisitions fussent faites par l'intermédiaire de personnages obscurs autant que discrets. C'est ainsi, raconte-t-on, que plusieurs lots furent achetés au nom d'une cuisinière. Un Turc cependant, plus rusé que les autres et plus rapace, devina derrière ces agents, derrière la cuisinière elle-même, des personnages plus considérables; aussi s'obstina-t-il à demander d'un méchant verger, un prix tellement exorbitant que les archéologues durent lâcher prise. Le fils du prophète est resté en possession de son bien, et la pioche a dû s'arrêter à sa frontière. Peut-être quelques débris intéressants sont-ils là encore enfouis.

Les tremblements de terre avaient commencé la

ruine du Mausolée, les chevaliers avaient fait une carrière de ses débris ; après tant de désastres, on ne pouvait espérer trouver quoi que ce fût qui ressemblât encore à un édifice. Les recherches cependant n'ont pas été vaines, et les fragments recueillis, nombreux, très-remarquables, remplissent une salle entière du British Museum. Mieux que les descriptions incomplètes des auteurs anciens, ils permettent d'entrevoir quelle était la magnificence du Mausolée et quel était le caractère essentiel, le style de sa décoration.

Il est des lions très-nombreux, mais d'une exécution inégale ; sans aucun doute, ce n'est pas le même ciseau qui les a tous modelés. Il est plusieurs têtes d'un beau travail, un fragment considérable d'une statue équestre, la partie postérieure d'un cheval, la partie antérieure d'un autre ; la tête de celui-ci, parfaitement intacte, mesure un mètre de longueur, et conserve encore son mors de bronze que de petites rondelles décorent. Sans doute ce sont là les restes du quadrige qui trônait au faîte du monument. L'artiste, à dessein, a négligé les détails ; ses chevaux sont traités largement, fièrement, avec vérité sans doute, mais avec une vérité d'ensemble, ainsi qu'il convient pour des marbres qui devaient planer à plus de cinquante mètres du sol.

De soixante-quinze morceaux recueillis dans les fouilles et laborieusement rapprochés, on a pu refaire une statue haute de deux mètres soixante où les archéologues, peut-être trop crédules, veulent reconnaître Mausole lui-même. Dans tous les cas, c'est là une œuvre d'une saisissante individualité; un portrait, selon toute vraisemblance, et d'un homme qui n'était pas de race grecque. La tête épaisse, un peu carrée, ombragée d'une chevelure aux boucles rudes, rappelle les visages brutalement accentués, forts, énergiques, mais non pas élégants, que la sculpture antique donne à ses Gaulois vaincus, à ses gladiateurs mourants. Les draperies où s'enveloppe le corps, montrent un arrangement, combinent des plis, non pas selon les règles généralement usitées dans les marbres grecs. La chaussure enfin imite celle que portent, aux bas-reliefs venus de l'Orient, certains princes de Perse ou d'Assyrie. L'œuvre est belle cependant, d'un aspect puissant et fier. C'est Mausole sans doute, mais Mausole héros aspirant à la gloire d'une suprême apothéose.

Une statue de femme, peut-être Artémise, a fait pendant au roi Mausole. Le visage, par malheur, n'a pu être reconstitué et nous n'admirons plus que les draperies amples, souples et nobles qui chastement voilent le corps tout entier. Il est encore une statue de femme assise, de proportions à peu près égales, mais très-mutilée.

Puis viennent les frises, entre ces marbres admirables, plus admirables encore. Les Grecs y combattent les amazones, sujet bien connu et que l'art antique s'est plu souvent à répéter. Ardente est la mêlée. Les guerrières chevauchent, demi-nues, elles bandent l'arc, elles dardent le javelot, elles frappent, elles crient, les voilà qui fuient, mais c'est une fuite redoutable, comme celle de ces cavaliers parthes qui si longtemps lassèrent la bravoure romaine; d'un bond elles se retournent, tout en fuyant elles font face à l'ennemi et leurs traits vont encore atteindre ceux-là qui croyaient triompher. La furie de la bataille soulève, emporte les tuniques légères, mais qu'importe à ces vaillantes? Leur impudeur ne fera pas sourire, car leur courage fait trembler.

Les hommes sont nus et eux aussi combattent en héros; ils ont le casque, ils ont la lance, (quelquefois ces armes ont disparu; elles étaient souvent faites en bronze et incrustées sur le marbre où elles ont laissé des traces reconnaissables). C'est chose admirable que ces torses qui plient, se tendent, se renversent, que ces jambes hardies projetées en avant, que ces bras qui commencent un geste superbe, que ces musculatures qui jouent, souples, puissantes, harmonieuses. Quelle noble bataille! Qu'il est grand, qu'il est beau de combattre, de vaincre et de mourir ainsi! Je ne retrouve pas là le calme suprême, la sérénité sublime, que respirent les frises du Parthénon, mais quelque chose de véhément, de fort, comme aux frises de Phigalie. Plus on étudie les créations si diverses de l'art grec et plus on voit que cet art, le plus grand qui fut jamais, ne s'enfermait pas dans certains types, dans quelques chefs-d'œuvre d'une étroite parenté, dans un idéal sublime mais absolu et exclusif. L'art grec était ouvert aux aspirations les plus variées; il vivait, il marchait, il acceptait les conceptions nouvelles, sous la seule condition que le génie leur eût donné droit de cité. Et c'est ainsi que les marbres d'Halicarnasse, moins beaux sans doute que ceux du Parthénon, sont beaux cependant, mais d'une tout autre beauté.

Il faut citer encore entre les fragments du Mausolée, un chapiteau d'angle d'ordre ionique, une base de colonnes, quelques moulures, et ce sont là des documents précieux pour qui entreprend de reconstituer le monument.

Un ossement suffit à un géologue pour reconstituer un animal disparu. Les monuments, œuvres humaines, obéissent à des lois moins stables que les êtres animés, œuvres divines; aussi est-il plus malaisé de reconstituer avec une pierre un édifice tout entier. Rapprochant cependant tout ce que nous savons du Mausolée par les textes anciens, par les débris retrouvés, nous pouvons nous le figurer comme partagé en trois parties nettement distinctes : Un soubassement que des lions peut-être environnaient, une ordonnance de colonnes ioniques avec des frises, une terrasse d'où s'élevait une pyramide aux degrés réguliers et portant sur sa cime le quadrige où Mausole et Artémise apparaissaient réunis dans une commune apothéose. Puis, il était des statues, des reliefs, des trophées peut-être, et l'imagination peut supposer les plus merveilleuses splendeurs de décoration, sans oublier toutefois que le génie grec, voisin encore au temps d'Artémise, des jours de sa plus radieuse floraison, exigeait partout une exquise harmonie et ne laissait pas la richesse dégénérer en un faste vain et prétentieux.

Le Mausolée formait un carré dont deux faces excédaient un peu les deux autres. Nul doute qu'il eût son enceinte, selon l'usage constamment suivi dans l'antiquité pour les monuments d'une importance première. De cette enceinte les fouilles ont montré des restes reconnaissables.

Restaurer, au moins par la pensée, le Mausolée, c'est là une entreprise hardie, laborieuse entre toutes et qui exige, en outre de l'étude des textes et des fragments, une connaissance profonde de l'architecture grecque à l'époque qui précéda de peu d'années Alexandre. Cette entreprise cependant a séduit quelques archéologues et quelques architectes. Nous citerons la restauration de Quatremère de Quincy, celle de l'Italien Canina ; mais celui-ci a suivi les indications d'une médaille apocryphe frappée à Padoue au seizième siècle, c'est dire que cette restauration est une œuvre de pure fantaisie et sans aucune vraisemblance. Nous citerons le travail d'un architecte anglais de grand mérite, Cockerell. Un autre Anglais, M. Falkener qui conduisit des fouilles au milieu des ruines de Xanthus ville lycienne, un Anglais encore M. Pullan que la collaboration de M. Newton a sans doute puissamment aidé, ont aussi refait le tombeau de Mausole, mais non pas heureusement, nous semble-t-il. Enfin nous citerons un dernier venu, M. Bernier, pensionnaire de notre Académie de Rome. La restauration, envoyée par lui, nous paraît de tous points très-remarquable, vraie autant que possible, vraisemblable tout au moins et fort belle. En présence des documents très-peu nombreux et souvent contradictoires que nous possédons, il est inévitable que le champ de l'hypothèse reste très-vaste. Il faut faire œuvre d'imagination, de goût autant que d'érudition ; c'est ce que M. Bernier a compris et réalisé. Ce qu'il nous donne pour l'œuvre des Grecs, n'est jamais indigne d'eux.

Si le Mausolée était le plus admirable monument d'Halicarnasse, il n'était pas le seul. Vitruve nous parle d'un temple de Mars « dans lequel était une « statue colossale nommée *Acro lithos*, qui fut faite « par l'excellent ouvrier Léocharis, ou, suivant « l'opinion de quelques-uns, par Timothée. » Vitruve parle encore d'un temple de Mercure, d'un temple de Vénus, puis du palais du puissant roi Mausole. « Il a des murailles de briques, quoiqu'il « soit orné de marbre de Proconèse (Pline prétend « que c'est là l'exemple le plus ancien de l'emploi « du marbre en placage) ; et l'on voit encore aujour- « d'hui ses murailles belles et intactes. » Près du temple de Vénus se trouvait la fontaine Samalcis qui rendait malades d'amour ceux-là qui buvaient de son eau. Le même Vitruve rapporte cette fable, mais pour la contester.

Boudroum ressemble peu à ce que fut Halicarnasse ; c'est une bourgade de deux mille habitants environ, population mixte, en partie grecque, en partie turque ; mais l'élément grec tend à prendre le dessus, comme il arrive partout où les deux races rivales sont juxtaposées. Vu dans son ensemble, Boudroum est admirable. Le golfe rétréci forme une baie charmante. Sur la gauche, des collines verdoient, les moulins se posent fièrement à leurs cimes, ainsi que des donjons féodaux. Leurs ailes tournoient follement. Plus bas quelques trous noirs alignés marquent des sépulcres. Devant nous, une petite mosquée montre sa coupole et son minaret pointu ; de près, c'est une ruine piteuse, une bâtisse faite avec des débris au hasard rassemblés, les colonnes du portique coiffent gauchement des chapiteaux dépareillés ; de loin, c'est un temple charmant, et la mer sourit en reflétant son image.

Les jardins, les bosquets de mûriers, de figuiers se groupent en arrière, quelques palmiers jaillissent et leurs têtes vacillent dans l'azur. Un aqueduc aux arcades ruisselantes, s'achemine vers la ville et bientôt disparait derrière les premières maisons. Le château est à notre droite ; les chevaliers y ont entassé murs sur murs, bastions sur bastions, tours sur tours, comme les géants rebelles qui, pour escalader le ciel, faisaient un escalier dont chaque degré était une montagne. C'était la citadelle longtemps redoutée où la croix défiait le croissant. Trônant sur un promontoire de roches qu'un isthme étroit rattache au rivage, elle ferme l'horizon du côté du sud et semble prêter encore à la ville une protection hautaine et quelque peu menaçante. Mais si le château affecte cette apparence farouche, tout rit autour de lui. Est-ce donc dans ce site joyeux qu'il faut chercher un tombeau ?

Un Grec, M. Zaïri, le fils du guide qui nous accompagne depuis Rhodes, nous offre en sa maison l'hospitalité la plus courtoise et la plus empressée. Le maître, sa femme, sa sœur Melpomène, un nom bien tragique que dément la grâce tout aimable de celle qui le porte, chacun n'est occupé qu'à nous prodiguer les attentions les plus délicates. Puisse mon souvenir reconnaissant arriver jusqu'à cette maison amie et cette excellente famille apprendre qu'elle n'a pas obligé des ingrats !

Le seul monument de Boudroum est son château. On le visite sans peine. Il n'a d'autre garnison que quelques vaches qui paissent l'herbe des fossés. La même époque qui vit élever les remparts de Rhodes, les fortifications de Cos, vit aussi construire le château de Boudroum.

A peine avons-nous franchi la porte qui donne accès dans la première enceinte, que nous voyons un empereur romain de marbre, bizarrement enchâssé entre les embrasures d'un bastion. Il a perdu la tête, peut-être dans la mêlée furieuse de quelque assaut. La mer ronge ses cothurnes, et quand viennent les jours de tempêtes, elle couvre d'écume ce pauvre César tout entier. La poitrine revêt une cuirasse où voltigent quelques victoires à demi effacées.

Ce n'est pas la seule épave des monuments antiques que le manoir féodal ait usurpée. Les ruines, nous le savons, ont fourni une grande partie des matériaux employés à sa construction. Il y a une trentaine d'années, on voyait encore dans les murs, sur les tours, des fragments de sculpture qui certainement avaient appartenu au célèbre Mausolée. Les Anglais les ont enlevés et il faut les chercher maintenant au musée de Londres. Cependant les Anglais, au moins à ce que l'on prétend, ne voudraient pas en rester là. Ils n'ont pu enlever que ce qui était apparent ; mais supposant, et sans doute avec quelque raison, que des blocs antiques, des inscriptions, des sculptures sont cachés dans la masse même des constructions, ils projettent maintenant de renverser de fond en comble le château de Boudroum. On fouillerait jusqu'en ses entrailles. Pauvre château ! il lui faudrait avouer tous les larcins commis et faire une restitution complète ; puis, pour dédommager le gouvernement turc de la perte d'une forteresse, au reste, aujourd'hui inutile, on construirait sur son emplacement, une batterie d'après les derniers modèles.

Voilà un plan qui a du moins le mérite de l'audace et de la grandeur, nous souhaitons cependant qu'il ne se réalise jamais. En effet, sans vouloir égaler aux monuments de l'art grec, les bâtisses de l'époque chrétienne, nous trouvons que ces bâtisses ont parfois aussi leur intérêt.

Le château de Boudroum est curieux et pittoresque; on le détruirait, pour trouver quoi? — Quelques assises antiques, quelques morceaux de bas-reliefs remarquables, nous le voulons bien, mais ces découvertes sont tout au moins fort incertaines. Avant de faire des blocs à bâtir avec les sculptures du Mausolée, on a dû les marteler et les défigurer. Nous savons ce que nous perdrions à ce vandalisme archéologique, nous ne savons pas avec assurance ce que nous y gagnerions; et en art comme en toutes choses, un *tiens* vaut mieux que deux *tu l'auras...*

Nous passons sous plusieurs poternes, puis nous suivons une montée rapide; les remparts l'entourent, la dominent, et les embrasures béantes semblent menacer de nous jeter la mitraille à la face.

La mer remplit les fossés les plus bas, et nous voyons une flottille de poissons naviguer dans l'eau transparente. Les tours sont armées de créneaux, les portes de machicoulis. Tout cela reste à l'abandon; si ce n'est pas la ruine encore, c'est déjà la décrépitude. Des blasons nous parlent au passage des chevaliers qui ne sont plus; je lis sur l'un d'eux la date de 1502.

Nous atteignons ainsi une vaste cour où se dresse la chapelle; rien de plus simple, c'est le temple non de fastueux seigneurs, mais de rudes soldats. L'intérieur a été transformé en magasin, et les affûts à demi disloqués s'y entassent jusqu'à la naissance des voûtes.

La construction est presque toujours grossière. Ce sont des pierrailles mal taillées que le mortier seul maintient en place. Quelques blocs antiques, bien appareillés et par cela même aisément reconnaissables, apparaissent. Une porte étale un grand linteau de marbre qui fut peut-être un gradin du Mausolée. On nous montre, dans une vaste salle, voûtée, une inscription grecque fort longue qui sert aujourd'hui de margelle à une citerne. C'est un morceau de marbre qui devait se dresser comme une borne, dans quelque lieu public ; il porte, sur ses quatre faces, une énumération de noms propres. Ce sont autant de propriétaires avec la désignation des propriétés correspondantes. Nous voyons là un fragment du cadastre d'Halicarnasse.

L'herbe pousse partout librement, disjoignant les dalles des cours, encadrant les pavés, festonnant les meurtrières, enguirlandant les créneaux ; mais le donjon a souffert des ravages de la guerre et du temps, plus que toute autre partie du château. Les salles intérieures ont vu leurs voûtes s'écrouler, et le sol est encombré de débris. Là aussi sont quelques fragments antiques. Les tambours de plusieurs petites colonnes, couchés les uns sur les autres, sont pris dans une muraille ; un chapiteau ionique, enchâssé au-dessus d'une porte, encadre entre ses volutes le blason d'un chevalier chrétien ; un lion demeure accroupi dans une sorte de contrefort qui domine la mer. Enfin, seul être vivant qui habite cette solitude, une cigogne fait gravement sentinelle à la crête de la plus haute tour.

Mais tout à l'heure nous parlions longuement de Mausole et du Mausolée. Que reste-t-il ici de cette fameuse merveille? — Moins que rien. Un peu en dehors de la ville, dans ce que j'appellerais un faubourg si ce mot ne paraissait trop ambitieux quand il s'agit de Boudroum, à quelques pas de la mer, s'étend une sorte d'esplanade semée de décombres, hérissée de hautes herbes que les chèvres broutent; le sol est remué, bouleversé, plein de trous et de fondrières : on dirait un lieu de décharge publique et c'est là que l'on jette tous les tessons de Boudroum. Eh bien, voilà ce qui fut l'une des plus admirables créations du génie grec et l'une des sept merveilles du monde. On ne peut reconnaître, je ne dirai pas un mur, une assise, l'amorce d'une construction quelconque, mais pas même un bloc; tout a été broyé, pulvérisé. Les fouilles cependant paraissent avoir établi d'une façon certaine que c'est bien là l'emplacement du Mausolée.

Les blocs même du péribole, emportés, morcelés, ont servi à la construction de la nouvelle église que la piété des Grecs élève à Boudroum. Nous avons vu débiter les derniers.

A peine paraissons-nous sur l'emplacement du Mausolée, que nous voyons venir à notre rencontre un vieux Turc qui se dit le gardien des ruines, quelle sinécure! Il s'était mis au service de M. Newton, qui l'employait à tenir son ombrelle ; il n'en reste pas moins très-fier de cet illustre patronage. Il excelle à porter les cartons à dessins, mais ses idées paraissent aussi en désordre que les débris du mausolée, et l'âge l'a rendu sourd comme un terme antique. C'est cependant à ce brave homme que nous avons dû de trouver, dans une maison voisine, un morceau de marbre récemment découvert et qui, sans doute, est une miette du Mausolée. Ce marbre, haut à peine de deux décimètres, long de quatre, faisait partie de quelque frise. Deux taureaux y sont représentés : de l'un il ne reste que les pattes de derrière, l'autre est complet ; furieux il abaisse la tête et menace de ses cornes un ennemi aujourd'hui disparu. Le mouvement est bien saisi.

A quelques pas du Mausolée, s'élève près de la mer une grande maison à demi abandonnée, à demi ruinée comme tout ce qui est Turc. Elle a une cour charmante, non par ses magnificences architecturales, mais par ses misères pittoresques. C'est un asile où il est doux de se réfugier au sortir des décombres que le soleil embrase.

On pénètre dans une enceinte qui semble close de toutes parts, tranquille et riante prison. Les murailles vermoulues ont des souillures verdâtres ; les pariétaires s'y suspendent et les lucarnes qu'on y voit béantes, sont pleines de ténèbres. Trois piles s'alignent qui peut-être ont porté un aqueduc ; mais l'eau, maintenant affranchie de toute servitude, suinte, glisse, fuit et forme un petit lac d'une parfaite limpidité. Une colonne est restée debout, petite, cannelée jusqu'au tiers de sa hauteur, comme certaines colonnes des atriums de Pompéi. D'autres colonnes sont tombées, leurs tambours gisent sur le sol et sans respect les poules viennent s'y percher. Un mûrier, qu'une vigne tente d'escalader, développe sur la cour tout entière, un velarium de verdure; la lumière cependant s'y fraie passage, elle jette sur les herbes humides comme des taches scintillantes qui oscillent, dès que le feuillage frémit aux caresses d'un souffle léger.

Halicarnasse avait son théâtre, adossé à une montagne, selon l'usage constant, et disposé de façon à déployer, sous les yeux des spectateurs, une vue admirable. Les ravages ont été là moins furieux. Si les figuiers prospèrent dans ce qui fut l'orchestre, si la scène n'indique plus que vaguement son emplacement, le plan général se révèle encore en sa grandiose majesté. Les broussailles ont quelque peu disjoint et ruiné les gradins, mais il est aisé d'imaginer quelle population immense ils pouvaient recevoir. Enfin ce qui était la décoration principale du monument subsiste, c'est le golfe tout d'azur, ses rives verdoyantes et Cos qui s'allonge au loin. La montagne qui porte le théâtre, présente quelques excavations qui eurent peut-être une destination funéraire.

En dehors de Boudroum et en arrière du Mausolée, une colonnade dorique règne dans un pré; elle faisait partie de quelque temple ou de quelque portique. Au reste, c'est là une construction d'une époque de décadence. Les colonnes sont de proportions petites et sans élégance. Cinq sont restées en place, à demi enterrées, mais portent encore architraves et triglyphes. Des têtes de lion décorent la dernière corniche de l'entablement.

Un arbre vigoureux est venu vivre là, il veut se faire place, pousse les pierres de son tronc noueux, comme Samson poussait de son épaule les temples des Philistinset comme lui, sans doute, l'arbre finira par tout jeter bas. Quelques-unes de ces pauvres colonnes ont déjà perdu leur aplomb et leurs tambours déjetés menacent ruine.

A quelques pas de là, dans un enclos qui dépend d'une petite maison, le sol garde un revêtement de mosaïque; quelques gracieuses rosaces s'y enroulent. Puis nous trouvons, renversés au hasard ou bien au hasard redressés, quelques fûts qui portent sur leurs larges cannelures, des inscriptions verticales où les lettres grecques s'allient à d'autres lettres pour moi inconnues.

Il est des colonnes sans chapiteaux, il est aussi des chapiteaux sans colonnes; l'un n'a que le tailloir dorique, l'autre déploie les acanthes corinthiennes. Je ne sais quelle tempête a jeté à cette cabane misérable, tous ces débris de temples renversés, de palais anéantis, comme la mer jette au rivage les épaves des vaisseaux qu'elle a dévorés.

Les cimetières turcs s'étendent non loin de là. De petits murs en pierres sèches où les fragments antiques apparaissent souvent, les entourent mais sans les masquer. Les stèles de marbre, chargées de versets sacrés, coiffées du turban des vrais croyants, y marquent les sépultures ; les caroubiers, les chênes verts les enveloppent d'une ombre discrète et comme d'une respectueuse protection.

Halicarnasse avait sa principale nécropole beaucoup plus loin. Nous l'avons déjà aperçue de notre caïque, aux collines qui bordent le rivage septentrional du golfe. Nous nous y faisons conduire en barque, mais notre curiosité n'y trouve rien qu'une vue d'ensemble ne nous eût déjà révélé.

Boudroum anciemne Halicarnasse), Château Saint-Pierre.

Ruines du temple de Diane à Éphèse.

III

LE TEMPLE DE DIANE

D'Halicarnasse à Éphèse par Mélassa, Alinda et Aïdin.

Dans la matinée du 4 mai, nous quittons Boudroum. Plus de caïque maintenant; nous tournons le dos à la mer, au moins pour quelques jours; il faut changer d'élément, notre voyage se poursuivra sur terre.

Nous avons six chevaux; deux portent nos bagages, un troisième porte notre guide, le Rhodien

Zaïri; les trois autres portent le trio ami des voyageurs. Trois hommes, propriétaires des chevaux, nous accompagnent ou, pour mieux dire, accompagnent leurs bêtes; ce sont ce que les Arabes appellent des moukres et ce que les Grecs appellent des agoyates. Ils marchent à pied, parfois cependant ils se hissent sur la pyramide des bagages; combinaison ingénieuse qui délasse un peu les hommes si elle ne délasse pas les chevaux.

Nous nous acheminons vers le nord, dans la direction de Mélassa.

A peine sortis de Boudroum, nous entrons dans les montagnes.

Les champs de blé alternent avec les champs de broussailles; mais ceux-ci couvrent un plus vaste espace. Il n'est pas de chemin, et la piste que nous suivons, mérite à peine le nom de sentier. Les lauriers épanouissent leurs bouquets roses au fond des ravines; aux pentes rocailleuses, les cystes, les lentisques, les myrthes entrelacent leur rude feuillage. Les oliviers sauvages, très-nombreux, élèvent un peu plus haut la tête.

Une dernière fois nous découvrons le château de Boudroum, puis un pli de terrain nous le dérobe à tout jamais; la mer disparaît avec lui. Ce ne sont pas des bois qui s'étendent autour de nous, mais tout au plus des taillis: le nom de maquis conviendrait fort bien. Les animaux broutant, les hommes incendiant, soit malveillance, soit incurie, arrêtent toute végétation un peu vigoureuse, les arbres tondus sont comme des nains difformes, il semble qu'un mauvais génie leur défende de croître. Quelques pins cependant se sont réfugiés aux cimes les plus hautes et cherchent dans l'escarpement des rochers, une sauvegarde contre ces continuelles mutilations.

Nous avons longtemps monté, nous descendons maintenant. La mer reparaît, c'est le golfe dit de Mendeliah. Les pirates qui infestaient ces parages, il y a peu d'années encore, lui firent longtemps une réputation fâcheuse. Les côtes d'Anatolie, très-découpées et partout bordées d'îles nombreuses, offraient des facilités merveilleuses pour tendre des embuscades ou dérober une fuite ; aussi la piraterie y a-t-elle fleuri depuis la plus lointaine antiquité jusqu'à nos jours.

N'en déplaise au grand Pompée qui lui fit rude guerre, les plus éclatantes victoires, les exécutions les plus terribles n'amenèrent jamais qu'une sécurité momentanée et précaire. Il était réservé à la vapeur d'anéantir le dernier pirate. C'est aujourd'hui, au moins en ces régions, un métier perdu, non pas seulement parce qu'il serait plus dangereux que jamais, mais parce qu'il ne serait plus que très-peu profitable, le trafic ayant été accaparé presque complétement par les paquebots. Il arrive cependant encore que l'on signale aux voyageurs, dans l'équipage des pacifiques caïques, voire même, dans l'équipage des vapeurs du Levant, de vieux matelots qui, dans leur jeunesse, furent quelque peu écumeurs de mer. Ils sont très-considérés, et leurs histoires triomphantes font les délices de leurs compagnons.

Le golfe de Mendeliah présente une étendue médiocre; aussi le mot golfe paraît-il un peu ambitieux. La mer s'est insinuée dans une sorte de vallon; enfermée presque de toutes parts, elle échappe aux étreintes du vent, à peine accuse-t-elle un léger frémissement. Les buissons descendent jusqu'au rivage; les joncs, les roseaux s'y mêlent, le flot vient les caresser et cette végétation annonce la rive d'un lac plutôt que la côte de la mer.

Plusieurs vallons se succèdent; quelques-uns enchâssent des champs où s'alignent de grands oliviers et des prés où les chameaux paissent de hautes herbes splendidement fleuries. Le printemps met tout en fête, la terre est parfois revêtue comme d'un tapis éblouissant.

De petites îles émergent : ce ne sont souvent que des rochers arides, mais la lumière joyeusement les dore, et leurs contours ondulent avec une grâce charmante. Rien ne ressemble moins aux rivages farouches de l'Océan que ces rivages tout aimables; la mer ne se déploie jamais dans son écrasante immensité, le champ du regard est partout étroitement limité, mais par des barrières si radieuses que l'on ne voudrait pas les reculer.

Après cinq heures et demie de marche, nous arrivons à Goversguilik, petit et misérable hameau qui croupit dans un bas-fond. Un ruisseau limpide s'y épanche à la grande joie de quelques canards;

les roseaux, les lauriers-roses l'enveloppent d'un rideau constellé de fleurs. Un semblant de môle s'avance dans la mer; là, sur quelques entablements de marbre noyés dans la bâtisse, on vient entasser les bois coupés dans les forêts voisines, on les chargera sur des caïques; voilà la belle proie que pourraient conquérir les pirates !

Les trois ou quatre masures qui composent Goversguilik, ont si piteuse apparence que nous refusons d'y pénétrer, au désespoir d'un pauvre cafetier qui vit là des voyageurs qui passent ou plutôt qui ne passent pas. Nous faisons servir notre déjeuner à l'ombre d'un vieux mûrier. Un essaim de poules faméliques, de coqs maigres comme des anachorètes de la Thébaïde, s'empressent autour de nous; oies et canards accourent aussi à la curée. Les Turcs ont la passion des animaux domestiques; les poules surtout sont, dans l'Anatolie, l'accompagnement obligé du moindre village. A Goversguilik, la volaille est beaucoup plus nombreuse que la population humaine.

Après cette première étape, bêtes et gens un peu remis, nous repartons, et c'est encore à travers monts et vallées, dans les broussailles et dans les pierres, que nous chevauchons péniblement. La mer disparaît de nouveau; nous ne la verrons plus.

Depuis Boudroum, nous n'avons jamais cessé de rencontrer, échelonnées de distance en distance, sur le bord du chemin, des constructions singulières, mais faites sur un plan uniforme. C'est une coupole plate, blanchie à la chaux, que porte un soubassement rond et très-peu élevé. Une porte donne accès à l'intérieur. Ces coupoles recouvrent des citernes. Ces constructions partout multipliées pour recueillir l'eau des sources et de la pluie, sont une particularité très-remarquable dans un pays où presque tout ce qui intéresse l'utilité publique, est complétement négligé. Mahomet promet je ne sais quelles splendides récompenses à qui établit une fontaine, et sans doute la citerne jouit du même privilège. Peut-être est-ce là l'origine et l'explication d'une sollicitude aussi exceptionnelle. On peut mourir de faim dans les campagnes d'Anatolie, on ne saurait y mourir de soif.

Les montagnes sont maintenant ombragées de pins plus nombreux ; mais nous les quittons bientôt pour descendre dans une vallée plate et humide. L'herbe y pousse haute et épaisse, accusant la fertilité du sol ; les touffes de lauriers-roses alternent avec les touffes de joncs.

Les ruisseaux sont souvent entourés de bas-fonds que les bestiaux piétinent et changent en bourbiers. De loin en loin, de beaux blés montrent leurs épis déjà chargés de grains ; mais les cultures ne couvrent qu'un petit espace et l'homme néglige de demander à cette terre les magnifiques récoltes qu'elle serait prête à prodiguer. Nous ne voyons aucun village, et, chose étrange, nous voyons des cimetières. Qu'un saint personnage, retiré dans la campagne, vienne à mourir, on l'enterre où il a vécu ; un renom de sainteté s'attache bientôt à sa tombe, et les dévots des régions environnantes se font inhumer sous cette protection vénérable ; c'est ainsi que se forment des cimetières complétement isolés. Personne n'entretient les tombes, pour la plupart à demi effacées sous les hautes herbes, mais personne non plus ne les dégrade. Le Turc est plus insouciant que destructeur ; au reste, il donne partout à ses sépultures, la parure noble et poétique de quelques arbres centenaires. Ces arbres deviennent sacrés comme les pierres qu'ils ombragent; la cognée les respectera toujours, alors même qu'elle saccagerait toutes les forêts des alentours. Les Turcs ont deux amours : leurs bêtes et leurs morts.

Nous saluons ainsi au passage plusieurs chênes vraiment formidables que la mort protège ; un seul suffirait souvent à abriter toute une caravane. Nous dépassons une fontaine, puis nous entrons dans une plaine dont la fertilité reste à peu près inutile comme celle de la vallée où nous chevauchions tout à l'heure. De nombreux bestiaux y vivent cependant ; chameaux, ânes, chevaux, moutons broutent de compagnie. Ces beaux pâturages sont émaillés de fleurs. De nombreux ruisseaux y entretiennent la fraîcheur ; un iris d'un jaune pâle pousse sur leurs rives formant comme une digue vacillante.

Une caravane est venue camper au bord du chemin ; on a déchargé les bêtes, les ballots sont confusément jetés à terre, déjà se dressent les tentes brunes où les voyageurs passeront la nuit, les enfants attisent le feu et les femmes reviennent fléchissant au poids de leurs cruches ruisselantes. De grandes montagnes se déploient tout alentour ; la plaine semble l'arène d'un immense amphithéâtre.

Mais ces montagnes qui nous ont paru si lointaines, nous les atteignons enfin. Nous voici tout à coup enfermés dans une gorge. Les chèvres, à notre approche, s'enfuient et en quelques bonds, escaladent les pentes abruptes. Nous suivons un ruisseau qu'un canal grossier a détourné de son cours ; son murmure nous accompagne sans cesse. Maintenant le ravin où sans doute il s'épandait bruyamment, n'a plus que des cailloux desséchés.

On nous arrête, chemin faisant, pour nous montrer une sépulture antique complétement souterraine. Elle n'est pas taillée dans le rocher, mais faite de gros blocs soigneusement appareillés. Deux chambres, sans aucune trace de décoration et de proportions médiocres, se font suite.

Les terres éboulées qui encombrent le sol, les ténèbres partout régnantes et que la lueur de nos allumettes dissipe mal, entravent notre exploration et peut-être nous ne pénétrons pas tous les mystères de ces retraites de la mort.

Le jour baisse rapidement, et lorsque nous sortons des montagnes pour gagner la vallée où se trouve Mélassa, la nuit est complète.

Nous marchons au milieu d'une ombre toujours

plus épaisse, et les heures qui, ce matin, nous semblaient s'enfuir si rapidement, se traînent maintenant avec une fastidieuse lenteur. Nous et nos montures nous sommes rompus de fatigue. Enfin quelques lueurs scintillantes nous annoncent la ville; il nous a fallu quinze heures pour l'atteindre.

Il n'est pas plus d'hôtel dans les villes d'Anatolie qu'il n'est de route dans la campagne; aussi errons-nous, sollicitant de porte en porte une hospitalité incertaine, et ce n'est pas sans peine que nous obtenons la permission de nous installer dans une maison actuellement inoccupée, propriété d'un Grec de Smyrne.

Nous n'avons garde d'examiner le gîte si péniblement découvert, et ce n'est que le lendemain que nous nous rendons compte de l'état des lieux. C'est une vaste salle qui garde quelques vestiges d'une décoration élégante. Les portes combinent, non sans grâce, sur leurs battants, des rosaces formées de losanges, le plafond présente un appareil de bois découpés et rassemblés avec adresse; mais les fenêtres n'ont plus que des fragments de vitres, et les volets disloqués craquent dans leurs charnières. Dès que passent un souffle de vent, un long gémissement s'échappe des murs, des solives, des planchers chancelants; il semble que cette masure pleure elle-même sa décrépitude et sa misère. Des divans sont alignés tout alentour de la salle; ils disparaissent sous un indescriptible amoncellement de guenilles. Tapis déchirés, couvertures rapées y superposent leurs ruines. Nous trouvons un rat mort entre deux coussins.

Mélassa était une cité Carienne, la patrie du fameux Mausole. Les Cariens venaient des îles, mais d'autres émigrés vinrent après eux et les refoulèrent dans l'intérieur. Hérodote nous dit que, de son temps, on montrait à Mélassa, un temple de Jupiter fort ancien. Rien d'apparent ne subsiste qui remonte à une aussi haute antiquité. Mélassa conserve cependant des ruines nombreuses, mais toutes de l'époque Romaine; la ville fut sans doute agrandie, repeuplée peut-être à l'époque des Césars; elle dut reprendre alors une certaine importance. Mélassa aujourd'hui compte sept à huit mille habitants; la population fut certainement plus considérable aux premiers siècles de l'ère Chrétienne.

La population de Mélassa est généralement turque et musulmane; on n'y signale qu'un petit nombre de familles grecques ou juives. Mais, à notre grande surprise, nous y trouvons un Français et qui porte un nom fameux; c'est un Sardou, le propre cousin germain de l'auteur dramatique.

Les maisons de Mélassa sont construites presque complétement en bois; les murs du rez-de-chaussée présentent seuls une maçonnerie grossière. Les tremblements de terre secouent tout cela de temps en temps, aussi les bâtisses les plus nouvelles ont-elles un aspect vermoulu et décrépit. Pas d'enceinte qui étreigne la ville; des jardins, des champs séparent souvent les habitations, et les toits apparaissent encadrés de verdure. Les rues que l'on pourrait appeler parfois des chemins, des sentiers, forment un inextricable labyrinthe. Bien que la ville soit assez petite, rien de plus difficile que de s'y orienter, et nous ne pouvions jamais sans une laborieuse recherche rentrer au logis. Au reste il ne faut pas se plaindre des promenades faites à l'aventure ; elles sont toujours fécondes en surprises charmantes, en révélations curieuses : ce que l'on trouve sans le chercher vaut bien ce que l'on cherche sans le trouver.

Le bazar abrite ses galeries sous des toiles ou des planchettes légères ; il ne présente aucun intérêt spécial et l'industrie locale ne produit rien qui mérite une mention. Ce sont les mêmes boutiques basses, les mêmes entassements de marchandises, les mêmes marchands indolents, les mêmes petits cafés, les mêmes chiens fauves étendus au milieu de la chaussée, que nous avons vus dans toutes les villes de l'Orient.

La grande mosquée de Mélassa est remarquable. Les dômes qui la surmontent, les minarets qui la flanquent, composent une sorte de décor d'une harmonieuse originalité.

L'édifice est en marbre, luxe que les monuments antiques présentent presque seuls en cette région. Les blocs ne se superposent pas en assises d'une parfaite régularité. Les claveaux des fenêtres, alternativement de marbre blanc et de marbre rouge, s'emboîtent les uns dans les autres par des échancrures très-compliquées. Les constructeurs semblent s'être créé des difficultés à plaisir, désireux de prouver à tout propos et même hors de propos, l'habileté de leur ciseau. Quelques stalactites délicatement fouillées se suspendent aux corniches du couronnement. L'ornementation est généralement discrète; mais la façade mène plus grand tapage.

Un vaste porche l'occupe tout entière; cinq arcs y déploient leur ogive. Celui du centre, ouvert dans l'axe de la porte, est plus vaste que les autres et s'enrichit de dentelures. Une ligne de balustrades ferme à hauteur d'appui les autres baies. Le marbre s'y découpe tout à jour, en rosaces d'une somptueuse élégance, en étoiles rayonnantes. Les piliers qui soutiennent les arcs, sont massifs, et l'ensemble, bien que riche et imposant, a de la lourdeur. C'est là une imitation quelque peu maladroite des belles mosquées dont Brousse s'enorgueillit. La conception générale reste la même, et les détails ne diffèrent que par moins de grâce. Le souffle du génie n'est pas venu jusqu'à Mélassa, la copie rappelle le modèle, mais pour le faire regretter. Les battants de la porte entremêlent, non sans bonheur, des combinaisons de lignes d'une régularité géométrique.

L'examen attentif et un peu prolongé dont nous honorons la mosquée, éveille les susceptibilités des dévôts Musulmans; on s'attroupe autour de nous, c'est bientôt une escorte que nous traînons à notre suite, escorte du reste plus importune qu'hostile.

Nous demandons, par une pantomime expressive, que la mosquée nous soit ouverte ; aussitôt un vieux Turc s'éloigne et revient bientôt porteur de la clef. Nous entrons sans même que l'on exige que nous nous déchaussions ; nous explorons l'intérieur en toute liberté, tandis que notre escorte demeure respectueusement alignée sur le seuil, comme devant une barrière infranchissable bien qu'invisible. Cet intérieur fort misérable ne répond pas aux prétentions luxueuses de l'extérieur.

Cette mosquée, complétement isolée, marque l'extrémité de la ville et la domine majestueusement ; elle s'élève à mi-côte d'une longue colline. Nous continuons notre escalade au delà, par un sentier rocailleux, et nous ne tardons pas à découvrir des tombes. Nous pénétrons dans ce qui fut la nécropole de l'antique Mélassa. Chargée de guirlandes et montrant un cartouche où se lit une inscription grecque, une grande cuve de pierre trône au milieu d'un champ. Le couvercle a des palmettes à ses angles ; très-massif, très-pesant, il était malaisé de le déplacer, aussi a-t-on fait une ouverture au flanc du sarcophage. Cette brèche béante permet d'explorer du regard ses profondeurs ; les profanateurs pillards n'y ont rien laissé.

Quelques pas plus loin, nous atteignons un chêne vert au tronc noueux, à la ramure puissante ; un troupeau de moutons fait la sieste à son ombre. De là nous découvrons, seul et fièrement posé sur une sorte d'esplanade aride, un monument funéraire d'une importance capitale et le plus beau, sinon le plus curieux que nous ayons rencontré en Anatolie. A la bonne heure, voilà qui n'est pas une ruine informe, un monceau de poussière que notre curiosité crédule glorifie peut-être sans raison ; ici le temps et les hommes ont modéré leurs ravages, et l'œuvre des siècles passés apparaît dans une conservation presque parfaite.

Un ordre de colonnes règne sur un soubassement carré que décorent des corniches d'une saillie puissante. On compte quatre colonnes sur chacune des faces avec les colonnes d'angle ; celles-ci toutefois seraient plus justement appelées des antes : elles sont carrées et affectent l'apparence de piliers robustes. Les autres colonnes présentent une disposition fort bizarre ; elles semblent rondes lorsqu'on les voit de l'extérieur ou de la salle intérieure ; leur fût cependant s'aplatit à droite, à gauche, dans la direction du massif qui les porte. Les cannelures ne montent que jusqu'au tiers environ de la hauteur totale. Peut-être les entre-colonnements étaient-ils primitivement fermés ou du moins à demi fermés par des dalles ; mais rien ne subsiste de cette clôture supposée. Les chapiteaux, sans reproduire fidèlement le type corinthien, groupent quelques feuilles d'acanthe.

L'entablement qui se déploie sur les colonnes, devait porter un couronnement probablement de forme pyramidale ; mais cette partie du monument est dégradée et il n'est pas aisé d'y réparer, par la pensée, les outrages subis.

L'enceinte carrée que limite la colonnade et que l'on pourrait appeler le premier étage du tombeau, n'a jamais été d'un accès plus facile qu'aujourd'hui. On ne peut y atteindre qu'avec l'aide d'une échelle ou par des exercices de gymnastique quelque peu audacieux. Il faut cependant monter là pour bien connaître le morceau le plus remarquable de tout le monument ; c'est le plafond qui n'est autre que le dessous du couronnement. Les blocs, faisant l'office de poutres, s'étagent, et l'appareil qu'ils composent, présente comme des gradins renversés où s'épanouissent rosaces et riches caissons. Rien de plus original, de plus hardi et de mieux compris ; mais là comme partout, un examen un peu attentif révèle des erreurs de construction : telle partie qui devrait reproduire exactement telle autre partie, n'est pas dans les mêmes proportions ; telles lignes qui sont indiquées pour un développement parallèle, s'égarent et dévient en obliques disgracieuses. Toute cette ornementation ne manque ni d'élégance ni de richesse ; mais l'exécution trahit une certaine lourdeur de ciseau, une certaine négligence.

L'artiste, évidemment Romain ou du moins au service des Romains, satisfait d'avoir conçu un édifice d'un effet imposant et fastueux, n'a pas pris souci de perfectionner son œuvre et d'en ciseler avec soin les détails. Ce tombeau est comme une page rédigée dans le plus beau style, mais émaillée de fautes d'orthographe. Il est intéressant d'y remarquer les trois divisions, soubassement, colonnade et pyramide que présentait, en de plus vastes proportions et avec un art plus parfait, le tombeau de Mausole.

Le soubassement contient la chambre funéraire ; on y accède par une petite porte ménagée sur la face qui regarde le nord. Mais par une bizarrerie inexpliquée, cette porte ne se trouve pas au milieu, on l'a reportée sensiblement sur la gauche. La salle intérieure a quatre piliers carrés, très-simples, très-massifs qui supportent le plafond.

Partout rien que des marbres nus (tout le monument est de marbre), pas un rinceau, pas une moulure, pas une inscription : ce tombeau reste pour nous anonyme et ses magnificences n'évoquent aucun souvenir.

Les urnes, les sarcophages ont disparu ; les chèvres usurpent le sanctuaire. Notre visite importune les scandalise fort, et ce n'est qu'à grands coups de canne que nous leur persuadons amicalement de nous céder la place. Le troupeau cependant reste obstinément groupé sur le seuil, muette protestation. Deux boucs que l'expulsion subie a sans doute irrités, se prennent aussitôt de querelle. Ils se dressent, ils s'abattent et se heurtent le front à se le mettre en pièces. Quelquefois les cornes s'entremêlent dans le choc et les jouteurs ont peine à se dégager. Délivrés, ils reprennent du champ et l'assaut recommence. Les béliers que manœuvraient les légionnaires de Rome, ne battaient pas plus furieusement les remparts des cités ennemies. Nos héros luttent longtemps, non sans courage, non sans une fierté chevaleresque digne des preux que le Tasse a chantés. Les chèvres, comme nous, gardent la plus stricte neutralité ; elles savent qu'elles seront le prix de la victoire, mais cette éventualité n'a rien qui les effraie. C'est au plus fort à commander. Enfin la fortune se prononce. Un des champions renonce à un duel devenu trop inégal ; il s'éloigne et va se consoler de sa défaite en broutant. Magnanime autant que brave, le vainqueur respecte le vaincu, il ne l'inquiète pas dans sa retraite ; la gloire du triomphe suffit à son orgueil.

Flânant au hasard dans les ruelles de Mélassa, nous découvrons un chapiteau corinthien qui domine, de ses acanthes de marbre, quelques masures à demi croulantes. Ce n'est pas sans peine que nous atteignons jusque-là. Ce vénérable débris devait faire partie de quelque édifice considérable, probablement d'un temple. Un grand perron étage encore, dans une impasse infecte, quelques larges degrés. Puis nous trouvons un stylobate fait de blocs qui mesurent environ un mètre de hauteur et deux mètres et demi de longueur. C'est sur cette base magnifique que se dresse l'unique colonne échappée à la destruction ; elle ne porte plus qu'un nid où les cigognes font sentinelle.

On voit encore à Mélassa une porte de construction Romaine, comme toutes les autres ruines. Il n'est, du reste, pas un mur où n'apparaisse quelque beau bloc évidemment arraché à quelque monument antique, ou quelque inscription, toujours rédigée en grec.

Peu de temps avant notre arrivée, en creusant les fondations d'une maison, on avait découvert trois têtes de marbre parfaitement conservées, un pied et une main. Les têtes, une de femme, deux d'hommes, étaient évidemment d'un travail Romain, belles du reste, surtout une des deux têtes d'hommes. J'ai cru reconnaître quelqu'un des premiers Césars, dans cette face imberbe, énergique, aux traits fortement accusés.

Le 6 mai, de grand matin, nous disons adieu à Mélassa. Nous avons encore six chevaux et trois agoyates; mais ce ne sont plus nos hommes et nos bêtes de Boudroum, maintenant en route pour retourner au logis. Nous ne tarderons pas, par malheur, à nous apercevoir que le changement ne nous a pas été avantageux.

Nous chevauchons dans une fort belle plaine. Il est assez de cultures pour que nous emportions une excellente opinion de la terre, pas assez pour que nous emportions une opinion favorable des hommes qui la cultivent ou plutôt qui pourraient la cultiver. Les blés font dans la campagne, de grandes taches vertes symétriquement découpées. Les oliviers sont nombreux. Les ruisseaux abondent, parfois ils se dissimulent discrètement sous les touffes de lauriers-roses.

Bientôt nous retrouvons les montagnes. Cette belle province d'Anatolie ne répète pas longtemps les mêmes aspects ; elle ne se lasse pas de varier ses splendeurs. Les pentes, d'abord assez douces, puis beaucoup plus rapides, sont plantées d'oliviers centenaires. Ils puisent une vigueur singulière dans le sol rocailleux que leurs racines étreignent. Les ruisseaux prennent maintenant les allures désordonnées des torrents ; ils gardent cependant leur parure de lauriers-roses.

Nous rencontrons quelques hameaux accrochés au rocher comme des aires de vautours. Rien de plus misérable, et le premier orage, dirait-on, jetterait dans les ravins ces masures faites de poussière. La demeure des morts est plus séduisante que celle des vivants ; un petit cimetière apparaît dans une gorge, et les pins l'enveloppent comme d'un voile de deuil.

Plus de cultures, plus d'arbres que l'homme ait asservis. La nature règne sans maître et les forêts couvrent les montagnes. Nous avons vu des rochers faits d'un marbre grossier ; ils sont maintenant formés d'un schiste grisâtre. Les pins s'y cramponnent et les enlacent.

Tantôt nous découvrons des cimes vertes et tantôt des vallons dont les broussailles nous dérobent les profondeurs. Les aspects sont parfois d'une majesté farouche. Les cystes, effeuillant leurs bouquets blancs et roses, sourient au milieu de ces sublimes horreurs. Nous retrouvons, plus limpides encore, les ruisseaux qui s'épandaient dans la plaine et bientôt même les sources qui les enfantent. Souvent on a pris soin de recueillir l'eau et de la mettre, en parfaite commodité, à la portée du voyageur. Une branche de bois forme un petit aqueduc, et l'eau s'épanche régulièrement dans une auge taillée au tronc d'un arbre. Rien de plus primitif et de plus fragile, mais une heureuse complicité de tous assure le respect et l'entretien de ces modestes ouvrages; les mousses, les herbes humides leur prêtent une décoration charmante.

Quant au chemin, la sollicitude publique ne s'étend pas jusque-là ; le passage habituel des voyageurs l'a créé, c'est une piste parfois confuse, toute hérissée de rocs, et seuls des chèvres ou des chevaux d'Anatolie peuvent en affronter les cassecous invraisemblables.

Les surprises abondent et les subits coups de théâtre : l'horizon tout à l'heure rétréci aux limites d'une gorge, s'élargit tout à coup et semble sans bornes. Les rochers maintenant sont faits de grès; ils s'élèvent en masses régulièrement arrondies et forment des entassements formidables, comme en certaines parties de notre forêt de Fontainebleau. Les mousses, les lichens les tapissent, les grands pins les enjambent et superposent leurs colonnades rougeâtres.

Nous traversons un petit village, puis nous cessons de monter, car nous passons sur l'autre versant. La descente commence. Après cinq heures de marche environ, nous arrivons au lieu dit Turbi-Kaïvessi ; c'est une station de zaptiés. La force publique a là sa petite citadelle, c'est-à-dire une bicoque où les poules refusent d'établir leur poulailler.

Le sol, un peu plus uni, forme une sorte d'esplanade où l'herbe pousse courte mais épaisse ; aussi nos montures déchargées, s'empressent à brouter. Des pins énormes, largement espacés, arrondissent leurs cimes avec une symétrie architecturale.

Après deux heures de repos, nous repartons. Nous ne cessons plus de descendre, et le sentier est si mauvais que souvent nous jugeons prudent de cheminer à pied. Chaque ravin a son torrent qui coule ou du moins quelque source mystérieuse qui suinte dans les pierres. Dès que les pins ont disparu, les oliviers reparaissent. L'olivier vient à l'état sauvage dans toute cette partie de l'Anatolie. Au milieu des buissons épineux, des taillis qu'il compose, on choisit les pieds les plus vigoureux, on les dégage un peu, on les émonde, puis on les greffe ; l'arbre tel que l'a fait la nature, touche ainsi l'arbre que l'homme dompte et civilise.

La nuit est proche, lorsque nous quittons les montagnes pour descendre dans la vallée. Par malheur, la piste que nous suivions, devient confuse, incertaine ; elle serpente et se subdivise. Nos hommes paraissent n'avoir qu'une connaissance très-sommaire des lieux, aussi nous errons à travers champs avant de trouver le village où nous devons passer la nuit. C'est un peu à tâtons que nous découvrons Démir-Dérési.

Nous prenons gîte dans une salle basse qui forme l'arrière-boutique d'un café. Quelques nattes aussi redoutables que la tunique de Déjanire, quelques tapis décolorés recouvrent incomplétement le sol.

Les coqs nous réveillent de grand matin; la bâtisse où nous logeons, est plutôt un poulailler qu'une maison.

Nous sommes encore sur l'emplacement d'une cité antique, et Démir-Dérési est un nom moderne qui remplace le nom ancien d'Alinda. A notre seuil même nous voyons des débris. Partout les constructions nouvelles prennent pour point d'appui quelques blocs d'un bel appareil, car la ruine est robuste encore et le passé étaye le présent. Ici, plus de marbre, tout est de granit.

La ville occupait et le village occupe encore une pente rocheuse; d'un côté elle est dominée par des montagnes, de l'autre elle domine elle-même, et non sans majesté, une vaste et riante campagne. On reconnaît de nombreux vestiges de murailles bien construites.

Voici un tombeau fort simple et de forme carrée. Puis, au milieu de baraques étrangement déjetées, de taudis noirs, de cours poudreuses, apparaît un piédestal de proportions grandioses. Les corniches, les moulures sont du plus noble dessin; elles accusent leurs saillies nettement et non sans grâce. Cette construction est carrée; on a ouvert violemment une brèche sur l'une de ses faces; les pillards supposaient là quelque cachette et quelque trésor; ils n'ont rien trouvé qu'une salle dont un pilier très-massif occupe le centre. Ce n'était, selon toute vraisemblance, qu'un vide ménagé pour alléger la construction, et primitivement inaccessible. Groupe triomphal, trophée, statue colossale, que portait cette base? On ne saurait le dire; mais certainement quelque chose manque et sans doute ce qui était le plus précieux.

Alinda a son acropole qui occupe, du côté du nord, un contrefort abrupt. Là, formant un fastueux diadème, plusieurs édifices s'élevaient. Du village, on ne découvre qu'une longue muraille bien construite et percée de quelques fenêtres carrées, de quelques portes cintrées. Pour atteindre jusque-là, l'escalade est rude.

Une porte béante étale un linteau monolithe qui mesure près de quatre mètres de longueur. Plusieurs colonnes jaillissent, mais mutilées; quelque génie malfaisant semble s'être plu à les décapiter une à une : elles devaient former de grands alignements. Trébuchant dans les décombres que l'herbe dissimule perfidement, enjambant les blés qui parfois dépassent la taille d'un homme; nous parvenons jusqu'à un monument moins dévasté et plus considérable. La muraille que nous admirions tout à l'heure, en fait partie. Il y avait évidemment deux vastes salles superposées, de mêmes proportions,

et séparées, non par des voûtes, mais par des pla
fonds de bois.

Ces salles étaient partagées en deux nefs par
quinze ou vingt piliers; quelques-uns ont été renversés et il est difficile d'en préciser le nombre
exactement. Dans la salle basse, deux demi-colonnes
adossées composent les piliers; elles appartiennent
à un ordre dorique romain assez peu élégant. Cette
salle qui se trouvait en contre-bas du côté de l'acropole, prenait jour sur la campagne, par les
ouvertures cintrées que nous avons déjà signalées.
La salle supérieure au contraire, d'un côté se présente de plain-pied et de l'autre forme un premier
étage. A l'aplomb des piliers inférieurs, des colonnes se dressent, plus légères et qui paraissent
avoir porté des chapiteaux ioniques. Des escaliers
devaient mettre en communication les deux salles.
Enfin quelque terrasse couronnait le monument.
En effet, sur la crête de la muraille, aux angles et
sur les faces qui font retour, sont des socles qui
servaient sans doute de base à des pilastres ou à
des colonnes. Les orties géantes, les euphorbes, les
ombellifères envahissent les ruines, mais sans en
dérober le plan général.

La destination cependant reste incertaine; peut-être faut-il voir là une sorte de prétoire, car ces
salles semblent avoir été disposées pour recevoir
un public nombreux. Dans tous les cas, la présence
de la voûte et la lourdeur de certains détails révèlent un travail Romain.

Le site est admirablement choisi et les Grecs, à cet égard, n'auraient pu faire mieux. Un tableau immense et splendide se déploie tout alentour. C'est un amphithéâtre de montagnes énormes dont les oliviers escaladent les pentes, dont les pins couronnent les cimes ; c'est Alinda confondant ses ruines aux rochers d'où elles sont sorties ; c'est Démir-Dérési et sa mosquée misérable que la piété des fidèles ne déserte pas cependant ; c'est une plaine verdoyante où les arbres alignés indiquent les ruisseaux ; c'est un sentier où les troupeaux qui passent, soulèvent un nuage de poussière ; c'est la nécropole dispersant ses sarcophages vides ; c'est enfin l'azur qui rayonne tout en feu.

Les ruines continuent en arrière de ce qui fut, à proprement parler, l'acropole. Quelques tambours de colonnes ont roulé dans les herbes et le sol garde partout la trace des constructions antiques.

Nous atteignons le théâtre, comme toujours, adossé au flanc d'une montagne. Il est très-vaste, et la population de tous les villages environnants ne suffirait pas à le remplir. Démir-Dérési est peu de chose auprès de ce que fut Alinda. A droite et à gauche de la scène, s'élèvent deux grands massifs construits d'un appareil régulier et symétriquement percés de deux portes à plein cintre. Les gradins qu'ils portent et ceux qui reposent directement sur le rocher, sont presque tous restés en place ; mais les oliviers qui s'y sont installés sans respect, comme curieux de voir jouer une tragédie, ont quelque peu disjoint les blocs et compromis la régularité de leur alignement. La scène ne garde rien de sa décoration primitive.

Alinda avait une enceinte fortifiée ; on peut en suivre presque partout l'imposant développement. Le rempart grimpe sur la montagne et va rejoindre une tour qui espionne l'horizon, du haut d'une crête plus élevée que l'acropole elle-même. Cette tour est carrée, et présente de larges fenêtres. Près de là, des trous noirs, béants au milieu des broussailles, révèlent des retraites souterraines, peut-être des citernes. Le rempart est partout flanqué de tours, mais fort petites. Plus il se rapproche du village de Démir-Derési, moins il est complet; les habitants lui ont emprunté des pierres, et dans la plaine, la destruction a été presque complète.

Là se trouve la nécropole. Les sarcophages massifs, gisent sur le sol; ce sont de grandes cuves de granit sans ornements, sans inscriptions aujourd'hui lisibles. On a jeté bas les couvercles; tout a été profané et brisé, le vent a emporté et la cendre des morts et leur souvenir.

Rentrés au logis, nous trouvons un colporteur installé sur le seuil ; il a ouvert ses ballots et s'empresse à déployer devant nous des étoffes que l'on pourrait découper en vêtements, en serviettes, en robes, en turbans. Ces étoffes sont de fabrication indigène; elles ne présentent cependant aucun intérêt spécial ; au reste, ce pauvre négociant ambulant ne porte avec lui que des produits vulgaires, car ce n'est pas au milieu de la population misérable des villages d'Anatolie, qu'il pourrait espérer vendre quelque chose de précieux.

Cette population s'occupe d'agriculture. A Démir-Dérési elle est exclusivement musulmane. Aujourd'hui, comme dans l'antiquité, les Grecs sont cantonnés sur les côtes.

On pourrait aisément faire le dénombrement des voyageurs européens qui ont traversé Alinda et notre apparition est certainement un événement extraordinaire. Elle cause cependant beaucoup moins d'émoi que dans certains villages d'Égypte et de Syrie où le touriste est chose fort commune; c'est qu'en effet la curiosité est pour peu de chose dans les importunités odieuses dont l'Européen est si souvent victime en Orient. Il ne faut pas, à cet égard, se bercer de quelque illusion vaniteuse ; on prétend nous voir, mais surtout nous exploiter, nous sommes une proie plus qu'un spectacle.

Les braves gens de l'Anatolie intérieure n'ont pu faire encore, par bonheur, leur éducation de parasites. Un étranger vient, on le regarde un peu, de loin, mais sans empressement, on l'accueille aisément, mais pas de cris, pas d'offres obséquieuses, de demandes étourdissantes, de sommations insolentes, d'escortes tumultueuses. Dessine-t-on, mesure-t-on quelques débris antiques, prend-on quelques notes, liberté absolue, jamais personne ne vient imposer sa compagnie et ses services. Quelquefois, mais discrètement, on nous apporte des médailles antiques, et certes bien authentiques. Jamais je ne trouverai plus naïfs antiquaires. Une rondelle de métal rongée de rouille, quelques boutons, un vieux clou sont par eux estimés à l'égal d'un Alexandre. Parmi plusieurs empereurs Romains, nous découvrons un sceau de plomb avec cette inscription : « Vinaigre de toilette, Bully. » Je ne connais pas de César qui ait porté ce nom.

Le 8 mai, nous laissons derrière nous Alinda et nous descendons dans la plaine. Les ormes noueux bordent souvent le chemin et l'enveloppe d'ombre. Nous sommes tentés de ralentir un peu notre marche, en passant sous ces voûtes pleines de fraîcheur; car, là où le soleil ne rencontre aucun obstacle, il fait rage et la chaleur est d'une violence terrible. Nous ne nous attendions certes pas à trouver en Anatolie, au printemps et dans le voisinage des montagnes, une température aussi élevée.

La plaine ne s'étale pas avec une monotone uniformité; elle est souvent entrecoupée de vallons où de limpides ruisseaux promènent leur murmure. Pauvres campagnes! si belles et qui sourient si joyeusement, un fléau, redoutable entre tous, les menace d'une prochaine dévastation.

Les sauterelles, soit qu'elles aient émigré de régions plus lointaines, soit qu'elles soient nées du sol, ont tout à coup surgi en légions innombrables. Grises, longues à peine comme la moitié du doigt, elles forment des couches ininterrompues, ou des taches brunes; souvent la terre disparaît complétement sous les parasites qui la dépouillent.

De loin on hésite à reconnaître là des animaux ; mais approche-t-on, ce qui semblait immobile et sans vie, s'agite, grouille, se soulève et s'essaie à un vol lourd ; les ailes qui s'ouvrent par milliers, mènent un bruit confus. A chaque pas nous consommons plusieurs douzaines de meurtres, mais les vides sont aussitôt comblés.

La guerre est déclarée cependant ; le gouverneur de Mélassa a fait appel à la population tout entière de plusieurs villages.

Les femmes, les enfants même ont dû marcher à l'ennemi ; on organise des colonnes qui battent la campagne, car il faut exterminer les exterminateurs.

Mais, à défaut de la force, les sauterelles ont le nombre ; elles marqueront certainement leur passage par bien des ruines, car elles aussi sont des conquérants.

Les montagnes qui s'alignent aux limites extrêmes de l'horizon prennent souvent des teintes bleuâtres.

Nous atteignons le Karthoï, affluent du Méandre. C'est une rivière d'humeur un peu turbulente ; elle serpente à l'aventure sur le sable d'un lit trop large. Nous entreprenons de la passer au gué. Mon cheval bronche, hésite, n'avance qu'à regret, puis s'affaisse et tombe, là où l'eau est assez profonde et le courant violent ; bon gré, mal gré, je prends un bain jusqu'à mi-corps.

Au delà du Karthoï, nous trouvons un hangar fait de roseaux que soutiennent quelques poutrelles de bois. Là vit un homme qui offre au voyageur du café boueux sans sucre et une natte poudreuse où l'on peut changer de puces. Au moment où nous arrivons, quatre ou cinq chalands sont arrêtés devant la porte ; parmi eux est un fou. Selon le privilége que les Musulmans reconnaissent à quiconque n'a plus les idées bien nettes, il erre en toute liberté. Notre vue le jette dans un accès de fureur immédiat ; il nous accable d'injures et de malédictions. Personne, bien entendu, ne s'interpose : nous restons, du reste, fort calmes. Mais le sang-froid et l'indifférence des insultés exaspèrent l'insulteur ; nous sommes déjà bien loin que ses clameurs féroces nous poursuivent encore.

Le chemin que nous suivons conduit directement à Aïdin, la ville principale de cette région ; quelques heures de marche seulement nous en séparent ; toutefois, avant de gagner Aïdin, c'est-à-dire la civilisation, les chemins de fer (une voie ferrée, en effet, relie Aïdin à Smyrne), nous projetons d'explorer les emplacements de quelques villes illustres, Héraclée, Milet, Pryène. Mais nous comptons sans l'ignorance de notre brave Zaïri et sans le mauvais vouloir systématique de nos agoyates ; nous allons faire un détour, le voyage sera aventureux, il est douteux qu'il nous mène au but proposé.

Déjà nous apercevions la vallée du Méandre avec ses gras pâturages et son cadre de montagnes azurées. Nous nous éloignons cependant de cette terre souriante, hospitalière, où Aïdin nous attend ; obliquant sur la gauche, nous allons chercher le hameau de Hallil-Béhélik où nous décidons de passer la nuit.

A Alinda, nous avions pour gîte l'arrière-boutique d'un café, ici nous avons le café lui-même. Les consommateurs sont expulsés sans protestation aucune ; puis, sur notre ordre, on procède à un lavage général : les murs, le sol, le plancher sont inondés à plusieurs reprises. On apporte des nattes, des tapis, nous les repoussons avec horreur. « Tout est propre, nous disent les naïfs, cela vient « de chez nous. — De chez vous ! mais, malheureux, « nous le savons trop bien ! »

Hallil-Béhélik est habité par beaucoup de cigognes et quelques êtres humains. Les grands becs répètent toute la nuit d'interminables craquements ; c'est ainsi que les cigognes dialoguent leur tendresse.

Le 9 mai, nous nous mettons en route à destination d'Héraclée ; nous savons où nous prétendons aller, mais nous ne savons pas où nous irons.

Nous quittons la vallée du Méandre, et laissant derrière nous une tortue qui flâne nonchalamment au soleil, nous rentrons dans les montagnes. Le sentier est mal tracé, la montée est rude. Tzintzin ne tarde pas à paraître, Tzintzin! cela résonne comme une cymbale, le nom est pittoresque et non moins pittoresque le village qu'il désigne. Tzintzin s'est greffé sur une vieille citadelle que le moyen âge avait élevée au débouché d'une gorge étroite. Les murailles, flanquées de puissants contre-forts, portent des masures, et les masures à leur tour portent des nids. L'homme et la bête vivent en parfaite fraternité et superposent leurs demeures. Les cigognes, armées de leur long bec et immobiles sur les créneaux, rappellent vaguement les girouettes fantastiques dont se hérissaient les donjons féodaux.

De Hallil-Béléhik à Tzintzin l'étape est fort courte et cependant arrivés là, nos agoyates refusent de poursuivre, prétextant la fatigue des chevaux. Nous triomphons, non sans peine, de cette première tentative de rébellion, mais l'hostilité persiste, d'autant plus violente qu'elle est contrainte à se taire. Notre ignorance de la langue est pour nous une cause de faiblesse. Pour transmettre un ordre, pour faire la plus simple des observations, il nous faut courir à l'intermédiaire de Zaïri, et Zaïri n'a plus l'énergie de la jeunesse, il manque d'autorité et il hésite souvent, nous le voyons bien, à remplir en toute fidélité son rôle de traducteur ; nos réprimandes, nos menaces ne parviennent jamais à leur adresse que censurées et adoucies. Zaïri met une sourdine à nos plus justes colères.

Enfin, pour le moment du moins, l'obéissance est imposée. Nous avançons. La côte rocailleuse où nous nous hissons péniblement, revêt des buissons faits de petits chênes aux feuilles caduques et de chênes aux feuilles persistantes. Plus nous nous élevons, plus les arbres grandissent. Un torrent limpide nous sert de guide, nous le suivons docilement, même en ses lacets les plus capricieux ; il va sautillant, gazouillant dans les pierres, parfois il précipite ses eaux en une petite cascade, il déchausse les racines des platanes noueux qui se penchent sur ses bords, parfois il se glisse mystérieusement sous les touffes de lauriers-roses. Le lieu que nous traversons a nom Kovatzi. Nous montons encore. Partout des bois de chênes, mais les arbres sont chétifs. Enfin nous passons sur l'autre versant, et la descente commence, très-longue, souvent pénible. Monts et vallons se succèdent sans fin.

Nous atteignons ainsi une maison qui s'élève au point de rencontre de trois ou quatre sentiers. Là, plusieurs hommes sont réunis à l'abri d'un hangar grossier ; ce sont les notables du lieu, tous graves, tous vénérables. Accroupis côte à côte sur une natte, ils forment un cercle majestueux d'amples vêtements, de turbans, de barbes patriarcales. Les Orientaux ont, dans leurs attitudes, une noblesse instinctive ; ils gesticulent peu, ils savent rester immobiles durant plusieurs heures et s'ennuyer avec une sérénité grandiose. Toutefois dans l'homme comme dans les cités, il ne faut pas porter un examen indiscret jusque sur les détails ; cette majesté n'exclut pas certaines misères ; les bournous, les manteaux dessinent de magnifiques plis, mais ils sont en guenilles, les jambes sont croisées avec aisance, mais les babouches ont des semelles en ruines. Que faire avec ces dignes fils du prophète? Solliciter leur bénédiction, telle a été la première pensée, ou leur offrir un sou, car telle est la seconde pensée et peut-être la meilleure?

On nous accueille, du reste, fort bien, le cercle s'ouvre et nous y prenons place. La conversation s'engage, mais avec une solennelle lenteur, car l'intervention constante de l'interprète est nécessaire.

Le fusil à deux coups, dont l'un de nous est porteur, excite la curiosité de l'assistance; il faut en expliquer le mécanisme par une pantomime ingénieuse. Mais ce merveilleux fusil doit fonctionner, on nous demande cette épreuve décisive. Les cartouches y sont placées, les chiens s'abattent et les deux coups ratent piteusement. Quel beau résultat! Personne ne bronche cependant. Si semblable mésaventure nous fût arrivée dans un village de France ou d'Italie, quelle explosion de rires et que de railleries! Ici pas un mot, pas un sourire. Toutefois, désireux de relever le prestige de nos armes quelque peu compromis, nous jouons du revolver; six coups roulant de suite, six balles envoyées en un instant font oublier ce fusil si perfectionné qu'il ne part plus.

Le gouverneur de la contrée est au nombre de nos spectateurs. C'est un pauvre homme, quelque caporal des zaptiés; il commande à trois ou quatre villages plus pauvres encore que lui, s'il est possible. Il nous emmène à Mahzy, sa résidence actuelle et là prend soin lui-même de nous trouver un gîte. Quel gîte! Jusqu'à présent nous avions couché dans des maisons plus ou moins dignes de ce nom, ici nous devons nous contenter d'une sorte de galerie qui forme l'antichambre d'une magnanerie. Nous sommes les hôtes des vers à soie. Quant au gouverneur, aux hommes qui l'accompagnent, à nos agoyates, ils passeront la nuit sur une terrasse, à la belle étoile, en compagnie des vaches et des chiens.

Le confortable très-primitif auquel nous sommes réduits, ne serait encore qu'une misère sans importance; mais lorsque nous avons pris laborieusement nos renseignements sur le pays, nous nous apercevons avec stupéfaction que nous avons fait fausse route. Le fameux Héraclée que nous cherchons, est complétement inconnu, nous pensions nous en être rapprochés, il semble au contraire que nous nous en sommes éloignés.

La nuit, dit-on, enfante les bons conseils, il n'en est pas ainsi pour nous ; une révélation plus fâcheuse encore nous attend à notre réveil. Il ne s'agit plus, comme hier, d'un mauvais vouloir ou d'une vague rébellion, mais d'un complot tramé par nos agoyates. Ils avaient résolu de mettre à profit notre sommeil pour nous abandonner, en emportant leurs chevaux et surtout nos bagages. Par bonheur, les conjurés ont été un peu trop bavards, et une conversation surprise par notre fidèle Zaïri a tout dévoilé.

C'est donc une guerre intestine qui se déclare dans notre caravane. Nous nous informons s'il est possible de trouver à Mahzy d'autres agoyates et d'autres chevaux ; la réponse est unanimement négative : il nous faut donc renoncer au plan projeté et nous rendre directement à Aïdin dont une journée de marche seulement nous sépare.

Nous pouvons espérer garder jusque-là hommes et bêtes ; au reste, pour assurer le maintien de la discipline, nous réclamons et nous obtenons sans peine l'escorte d'un bachibouzouk. Le bachibouzouk est turc et musulman, nos agoyates sont grecs et chrétiens ; il n'y a nul danger qu'ils s'entendent même pour nous piller.

Nous nous engageons dans les montagnes, mais sur une autre direction que celle suivie par nous la veille. L'aspect général est le même ; ce sont toujours des ravins rocheux, de maigres bois de chênes ; mais les sites sont moins grandioses et moins pittoresques.

La vallée du Méandre, par nous si malheureusement quittée, reparaît, et nous la saluons joyeusement. Cependant nous tardons beaucoup à l'atteindre : dans les régions montagneuses, l'œil se trompe aisément sur le calcul des distances. Une sollicitude attentive a ménagé, de distance en distance, sur le chemin que nous suivons, comme de petits lieux de repos où le voyageur trouve un banc, un peu d'ombre et de l'eau. Cette eau, ce n'est pas la nature qui l'a mise là; elle ne suinte pas entre quelques rochers, elle ne suit pas docilement quelque canal taillé dans une branche. La montagne est aride et désolée; il a fallu aller remplir des jarres à quelque fontaine sans doute fort éloignée, puis hisser péniblement ces jarres jusqu'ici. Elles sont placées sous un abri fait de pierres et de branchages qui les soustrait à l'action dévorante du soleil; nous les trouvons toutes, fraîches, ruisselantes, car l'eau est renouvelée très-souvent. Nul gardien ne veille, et rien n'est jamais ni déplacé ni sali. Ce soin, partout vigilant, pour épargner au voyageur la souffrance de la soif, montre bien que l'Islam a pris naissance dans l'aride Arabie, sur une terre où l'eau compte au nombre des trésors les plus précieux.

Après avoir longtemps aperçu la vallée du Méandre, enfin nous y entrons. Elle forme, tant elle est large, une véritable plaine, et sans aucun doute elle se couvrirait des plus opulentes moissons, si l'homme lui confiait quelques grains; mais les champs cultivés, ici comme partout, sont rares, et la terre, abandonnée à elle-même, se contente d'enfanter les plus riches pâturages que l'on puisse rêver.

Le Méandre est un fleuve sérieux, chargé, ainsi que le Nil, d'un limon jaunâtre, bien que les ruisseaux que nous voyons courant à sa rencontre, soient parfaitement limpides. Nous passons en bac, car l'eau est profonde et le courant d'une violence extrême.

Transportés sur la rive droite, nous découvrons, avec quelque précision, les montagnes qui, de ce côté, limitent la vallée. Aïdin est là, nous ne le voyons pas encore, mais déjà nous le devinons vaguement. Le sol est plat, et cependant le chemin, je ne sais par quel caprice, semble fuir le but et multiplie follement les détours. Nous chevauchons ainsi durant plusieurs heures, sans que nous paraissions avancer beaucoup. Enfin les cultures deviennent plus nombreuses, les ruisseaux courent de ci, de là, à l'aventure, et la ville peu à peu se dégage des incertitudes de l'horizon. Nous distinguons maintenant les maisons, les vergers qui s'étagent, les mosquées qui dressent au ciel leurs minarets, comme pour montrer aux fidèles où doit s'adresser la prière.

A peine avons-nous fait notre entrée dans Aïdin, que nous voyons une gare, des locomotives, des wagons. On nous conduit dans un hôtel très-vaste, presque propre! Nous avons des chambres, des lits, quelle magnificence! Et ce confortable, depuis longtemps oublié, n'exclut pas tout caractère pittoresque. Nos chambres ouvrent sur une galerie qui domine une cour que des mûriers et des platanes ombragent; mules et muletiers, chevaux et agoyates la remplissent d'un tumulte joyeux.

Aïdin compte de vingt-cinq à trente mille habitants, Turcs en immense majorité; les principales puissances européennes y entretiennent des consuls ou des vice-consuls. Aïdin n'a pas d'enceinte, aussi ses maisons ne présentent pas l'aspect désagréable de la gêne et de l'entassement. Elles s'entourent de vergers, de jardins, et souvent les orangers, dépassant la crête de la muraille qui les tient emprisonnés, tendent au passant leurs beaux fruits d'or. Jamais de symétrie monotone, point d'alignement sévère ; chacun a construit son logis au gré de son caprice. Il est des habitations qui se dispersent dans les champs, comme des enfants joueurs que tentent les charmes de l'école buissonnière.

De tous les matériaux, le plus employé est le bois ; mais comme la pierre, quand par hasard on en fait usage, il disparaît sous un bariolage de couleurs éclatantes et quelquefois même criardes. Selon l'usage ordinaire, les rues du bazar sont couvertes d'un toit léger ; mais d'autres rues, d'un aspect plus inattendu, semblent des canaux improvisés, et l'on dirait que les eaux d'un aqueduc subitement rompu s'y déversent.

Ce sont les ruisseaux descendus de la montagne ; ils traversent la ville en toute liberté, faisant un lac de chaque carrefour, une rivière de chaque rue. Ils roulent, ils clapotent en battant les murs, ils lavent les pavés, ils grondent quelquefois, comme impatients de gagner la vallée où le Méandre les attend.

Il y a peu d'années encore, Aïdin renfermait un théâtre antique ; on en a fait une carrière. Ce n'est plus qu'un souvenir. Cependant de nombreux débris attestent les lointaines origines de la ville ; ce sont des chapiteaux aux riches volutes, des tambours de colonnes, des fragments d'architraves, des corniches rompues. On ferait un petit musée en recueillant les marbres qui trainent dans les rues.

Aïdin s'adosse à une montagne ; les quartiers hauts présentent des aspects charmants. Là les maisons sont peu nombreuses, mais les arbres abondent. Ce sont des platanes légers, de noirs cyprès, des mûriers, des oliviers. Sous cette ombre protectrice, de petits cafés, bien simples, tout champêtres, dressent leurs tables. Et les ruisseaux partout s'épandent, parfois sans bruit, en grand mystère, parfois avec le tapage et les violences farouches d'un torrent. Les mousses humides tapissent les rochers, les fougères s'y suspendent, et souvent dans une subite échappée, la ville apparait toute scintillante.

Nous quittons Aïdin le 11 mai, mais c'est en wagon que nous voyageons maintenant. La voie ferrée suit longtemps la vallée du Méandre ; puis elle s'engage dans des montagnes d'une médiocre élévation, elle en contourne beaucoup, elle se fraye passage à travers quelques-unes par de courts tunnels. Puis, franchissant de riches campagnes que des figuiers ombragent, elle atteint Éphèse, car Éphèse a sa station.

Éphèse est fort abandonnée ; on y trouve cependant un petit hôtel très propre et relativement confortable. On voit que les touristes anglais passent souvent ici ; Éphèse est en effet une des étapes où les entrepreneurs de voyages, Cook et autres, mènent les voyageurs embrigadés par eux.

Un comptoir, surmonté d'innombrables bouteilles aux reflets multicolores, occupe le fond de la grande salle ; une vaste table s'étale, prête à recevoir les opulents rosbifs. Voici des brosses, des miroirs, des lavabos, car le touriste anglais se plaît à une mise correcte. Des affiches recommandent porter et pale ale renommés ; enfin quelques photographies déploient sur les murs les principaux sites des ruines d'Éphèse. Tout est anglais, le prix même de toutes choses, c'est-à-dire exorbitant.

A peine sortis de wagon, nous rencontrons des amazones, mais non pas quelques-unes de ces guerrières farouches qui se tranchaient un sein pour manier l'arc avec plus d'aisance, qui défiaient Thésée, et que seul Hercule devait vaincre, premières fondatrices d'Éphèse, nous dit la légende. Les nôtres n'ont rien fondé que je sache ; elles viennent des Iles-Britanniques et non de Cappadoce ; elles portent, non une cotte de maille étincelante, mais une robe noire, non un casque mais un hideux chapeau qu'ombrage un voile vert, non un bouclier, mais un guide Murray. Escortées de gamins en guenilles, elles vont chevauchant dans la plaine, et leurs coursiers étiques préféreraient certainement l'herbe grasse des prés à la mêlée ardente des batailles.

Pline l'ancien, proclame Éphèse la seconde lumière de l'Asie, car il réserve à Smyrne l'honneur du premier rang. Ce nom d'Éphèse n'est pas, paraît-il, le nom primitif; la ville, au temps du siège de Troie, s'appelait Alopes, et tout fait supposer qu'elle avait déjà une grande importance. Plusieurs cités d'Asie se sont enorgueillies d'une aussi lointaine origine, mais il en est bien peu qui aient acquis une renommée aussi retentissante et réuni, dans leur enceinte, d'aussi fastueuses magnificences. La célébrité des Éphésiens fut souvent digne de la célébrité d'Éphèse.

Là était né Hermodore, qui collabora avec les décemvirs lorsque la jeune république romaine voulut codifier ses lois. Hermodore obtint les honneurs d'une statue qui fut érigée au forum. Éphèse était encore la patrie du ciseleur Posidonius, qui vivait au temps de Pompée, et du peintre Parrhasius. « Parrhasius, nous dit Pline, observa le pre-
« mier de justes proportions, mit quelque finesse
« dans la physionomie des visages, de l'élégance
« dans les cheveux, de la grâce dans le dessin de la
« bouche et, de l'aveu de tous les artistes anciens,
« remporta la palme par son habileté à préciser
« les contours. »

La peinture paraît avoir été longtemps florissante à Éphèse. On recueillait aux environs le minium, d'où l'on tirait une couleur rouge fort employée.

La voie ferrée a coupé la ligne d'un grand aqueduc. C'est là une construction qui ne remonte pas à une haute antiquité, peut-être à l'époque de la conquête turque, tout au plus à l'époque de la domination byzantine. Les arches sont de brique, les piles sont de marbre ou de pierre ; mais les blocs mal appareillés, rassemblés au hasard, accusent un travail hâtif et des mains malhabiles. Les ruines de monuments précédemment détruits ont fourni les matériaux.

Il n'est qu'un rang d'arcades, et un grand nombre de voûtes se sont écroulées, des nids de cigognes les remplacent ; c'est toute une cité qui est là suspendue en l'air. Les oiseaux graves, parfois descendent de leur haut perchoir, ils vont se prélasser dans les champs, ils enjambent les grandes herbes, toujours avec une majestueuse lenteur ; parfois aussi ils interrompent leur promenade et s'arrêtent, curieux du voyageur qui passe. L'aqueduc n'est pas beau, mais il s'allonge jusqu'aux montagnes qui limitent l'horizon du côté de l'orient ; on dirait une interminable chaîne de pierre tendue dans la campagne, et c'est chose bizarre de voir rouler les locomotives fumantes entre les piles que les siècles ont rouillées.

J'ai pris un cheval, car la ville d'Éphèse est extrêmement vaste et quelquefois semée de basfonds marécageux qu'il ne serait pas toujours aisé de franchir sans le secours d'une monture.

La végétation est prodigieusement vigoureuse. Peu de cultures comme partout ; un économiste ne manquerait pas de flétrir cette incurie, un artiste serait sans doute plus indulgent. Cette terre où tant d'âges, tant de civilisations ont confondu leurs débris, trouve une si belle parure dans les herbes folles! Quels légumes vaudraient les ombellifères géantes, les grands chardons violets qui auraient pu défier la baguette de Tarquin, tant ils portent haut la tête? Parfois c'est un fourré inextricable de feuilles rudes, d'épines cruelles; et le cheval et le cavalier y disparaissent complétement. Par bonheur, on trouve quelques éclaircies; mais nul doute que l'on passe devant bien des ruines sans en rien apercevoir.

Les premiers débris visibles appartiennent à des tombes; elles s'alignaient, formant quelque avenue solennelle, comme les monuments funéraires de la voie Appienne. Les chercheurs de trésors leur avaient fait rude guerre; puis les archéologues sont venus, non moins rapaces.

Tout récemment encore, il y a six ans à peine, ils ont à leur tour fouillé, bouleversé ces poussières; les sarcophages vides gisent dans les tranchées, on a exproprié la mort et mis en pièces les marbres qui s'obstinaient à défendre leurs reliques.

Une ruine plus considérable surgit à notre droite, ce sont de robustes murailles et qui accusent, sur leurs assises rougeâtres, l'amorce des voûtes aujourd'hui renversées. Des ouvertures étaient ménagées, mais le temps a déformé leur cintre, et l'on hésite s'il y faut reconnaître des portes ou des brèches. C'était là un gymnase, prétend-on, et certainement de construction romaine. Le mont Prion, qui occupe le centre du vaste emplacement qu'Éphèse couvrait, déploie sa masse sombre en arrière de ces ruines.

Encore un tombeau, mais plus considérable que tous les autres ; celui-ci était circulaire et décoré avec luxe, sinon avec goût. Les pillards ont aussi passé là, ils ne pouvaient épargner une proie qui, par son importance même, semblait leur promettre des trouvailles précieuses. Le marbre blanc s'entasse encore en blocs magnifiques, on comprend vaguement les dispositions générales du plan, mais il serait malaisé de reconstituer par la pensée le monument tout entier.

Je marche environné de ruines ; maintenant, sur la droite, apparaît un théâtre qui s'adosse aux pentes du mont Prion. C'est l'Odéon. Il présente un amas de fragments éboulés, de gradins renversés, de marbres, de briques, de pierres, d'herbes, d'arbustes où l'on reconnaît à peu près une enceinte semi-circulaire, mais d'une médiocre grandeur.

Le mont Prion prête encore obligeamment l'appui de ses flancs de rocher à un autre théâtre ; celui-ci, moins informe et beaucoup plus vaste, regarde l'occident : on l'appelle, et justement, le grand théâtre.

Les Romains l'élevèrent comme presque tous les édifices qui ont laissé à Éphèse un peu plus que de la poussière ; une inscription, gravée sur un beau bloc de marbre blanc, précise la date et nomme l'empereur Hadrien. Éphèse, comme Smyrne, comme Rhodes et bien d'autres villes d'Asie Mineure, fut cruellement ravagée par les tremblements de terre ; on dut entreprendre à plusieurs reprises une reconstruction totale. En effet, nous savons, et par les récits de Tacite et par les harangues d'Ælius Aristide, que les tremblements de terre survenus au temps de Tibère et de Marc-Aurèle furent assez violents, non pas seulement pour ruiner quelques monuments, mais pour renverser des villes entières de fond en comble. Il n'y a donc pas lieu d'être surpris si, sur l'emplacement des cités d'une origine très lointaine, on ne trouve que des restes relativement modernes.

Le grand théâtre d'Éphèse déploie une enceinte immense ; il peut être compté au nombre des plus vastes qui subsistent et, j'ajouterai, au nombre des plus fastueux. C'était un édifice splendide, je ne dis pas beau, car le luxe n'est pas toujours la beauté, et ici surtout, il ne semble pas qu'un goût très délicat ait présidé aux travaux d'ornementation. Granits, marbres de couleurs les plus diverses, porphyres, brèches rares, on avait prodigué les matériaux les plus précieux. La scène est encombrée de blocs, de frises, d'architraves, de grecques, de chapiteaux où s'enroulent la volute ionique et l'acanthe corinthienne. Puis ce sont des rinceaux, des ceps de vigne où les enfants se jouent, des statues renversées et qui montrent piteusement dans l'herbe leur visage balafré et leur nez mutilé. C'est comme une effroyable déroute. Piliers et colonnes, voûtes et plafonds semblent s'être livré une furieuse bataille qui n'a fait que des vaincus.

Quelques fûts restés en place indiquent vaguement des colonnades disparues. Les deux massifs jumeaux qui s'avancent à droite et à gauche sont percés de hautes arcades. La construction est partout puissante et bien faite, si les détails d'ornementation trahissent de la lourdeur et je ne sais quelle emphase banale. Les gradins s'étagent majestueusement, il faut les escalader ; là le spectacle que le regard embrasse est d'une sublime grandeur. Les Romains, suivant l'heureuse tradition des Grecs, avaient su choisir l'emplacement de leur théâtre et associer aux magnificences de l'art les magnificences des horizons lointains.

L'orchestre disparaît sous les débris et les broussailles ; quelques fleurs s'y sont épanouies : ce sont des gueules de loup pourprées et des acanthes blanches. A la crête des murs qui encadraient la scène, de petites herbes frémissent comme un duvet léger. Puis c'est une vaste plaine qui se déploie, accusant, par de vagues ondulations, les édifices détruits, les ports comblés, les forums où les roseaux remplacent la foule absente ; c'est sur la gauche, le mont Corésus qui s'allonge, portant les restes de l'enceinte qu'éleva Lysimaque ; c'est la tour béante où saint Paul, dit-on, fut emprisonné. Enfin des collines vertes fuient et doucement s'abaissent, comme pour faire place à l'azur rayonnant.

Dans les ruines qui s'étendent au-dessous du

théâtre, les fouilles ont permis de reconnaître un gymnase, l'agora, puis le port. Ce port n'est qu'un souvenir, car trois lieues environ séparent maintenant la mer de la ville. Déjà, au temps de Pline, la mer avait sensiblement reculé ; les alluvions du Caystre, petit fleuve qui traverse la plaine d'Éphèse, l'ont peu à peu refoulée.

Le stade que nous rencontrons un peu plus loin, est moins dévasté, et bien que les gradins aient disparu, il dessine assez nettement sa longue arène. Deux arcs subsistent d'une ornementation grossière, mais d'une apparence triomphale ; ils étaient reliés par une colonnade dont quelques bases marquent la direction. C'était la façade principale, évidemment de travail romain.

Puis vient un autre gymnase, c'est le troisième. Très défiguré à l'extérieur, il présente, à l'intérieur, de vastes salles où le bétail remplace les philosophes ; les rhéteurs y discouraient, les moutons y bêlent.

Que de gymnases! que de théâtres! que d'édifices consacrés aux plaisirs du peuple! Que de flâneurs, que d'oisifs il fallait pour remplir toutes ces enceintes immenses! Rien ne donne mieux l'idée de la richesse et de la prospérité d'Éphèse.

J'escalade enfin le mont Prion ; ses rochers gardent quelques excavations qui, sans doute, furent des tombes ; ce sont les seuls restes qui doivent remonter au delà de la domination romaine. Des trous noirs sont béants tout alentour ; des décombres en obstruent à demi l'entrée, il y a là des salles voûtées qui formaient les substructions de quelque édifice considérable.

Non loin de la station s'élève une colline; elle porte le village d'Ayassoulouk, c'est le seul point que l'homme n'ait pas complétement déserté dans cette plaine funèbre qui fut une ville florissante. Près de là, à mi-côte de la colline, un monument apparaît, presque intact, semble-t-il, au moins quand on l'aperçoit de loin. Ce n'est ni un temple grec ni un temple romain, mais un ouvrage de la conquête turque, une mosquée et la plus importante qui soit aux environs de Smyrne.

Lorsque l'on approche, les blessures se découvrent; la mosquée est en ruine, et cette ruine, considérable encore, ne durera certainement pas autant que durèrent les temples des dieux aujourd'hui proscrits. Les monuments musulmans, même les plus admirables, sont presque toujours d'une extrême fragilité. Arabes ou Turcs n'ont qu'un médiocre souci de la solidité, ils se souviennent peut-être qu'ils ont été des peuplades nomades, une ville pour eux est une sorte de campement. Que leur importe le lendemain?

La mosquée d'Ayassoulouk présente une façade toute de marbre. La porte, ouverte sur un perron double, est surmontée d'une niche ogivale qui imite les découpures symétriques d'un gâteau d'abeilles. Les fenêtres, disposées sur deux rangs, ont des claveaux bicolores et des rinceaux d'une délicatesse charmante ; cette ornementation reste sobre, tout en accusant une certaine richesse. Le marbre a pris une patine jaunâtre, et les herbes, germées dans les joints, y font de petites taches vertes. Le minaret, tout de briques, aujourd'hui sans toit, sans logette où chante le muezzin, ressemble, hélas! à la cheminée éteinte de quelque usine abandonnée.

L'intérieur a plus souffert encore. Il y avait une cour carrée entourée de portiques; mais ces portiques ont croulé, semant leurs fûts dans l'herbe et faisant au loin rouler leurs chapiteaux. Ce qui était le sanctuaire de la mosquée présente deux coupoles de brique que des carreaux de faïence recouvraient d'une mosaïque luisante. Presque tous ont été arrachés ; les invocations pieuses s'arrêtent, brusquement interrompues, et les oiseaux de proie nichent entre deux versets du Coran.

Les coupoles portent sur des arcs ogivaux; de beaux monolithes de granit en reçoivent la retombée. Que de fois ces colonnes ont changé de culte et de Dieu! — Païennes au premier jour qui les vit majestueusement s'aligner, elles ont dû être chrétiennes plus tard et encadrer l'autel de quelque basilique; puis, la loi de Mahomet triomphant, elles ont pris place dans une mosquée; cette mosquée tombe à son tour, une nouvelle apostasie leur est-elle réservée?

Tout est à l'abandon maintenant, et je pénètre à cheval jusque dans le sanctuaire. Les dallages ont disparu sous un épais gazon, le mihrab reste sans prière.

Cette mosquée, par son importance et sa richesse, atteste qu'après l'arrivée des Turcs, il y eut à Éphèse une ville ou tout au moins une bourgade que peuplèrent les conquérants. Près de la mosquée, une enceinte subsiste encore, flanquée de tours, c'est Ayassoulouk. Quelques rares habitants y vivent, parqués dans des masures misérables. Les murailles, qui n'ont plus rien à défendre, se lézardent et pierre à pierre roulent dans la plaine. Ayassoulouk s'étendait jusque-là. Quelques coupoles étoilées y marquent l'emplacement des bains; quelques minarets décapités y annoncent des mosquées, et l'une d'elles est précédée d'un portique dont les colonnes coiffent des chapiteaux ramassés dans les ruines. Tout cela est ébréché, débile et ne tient que par grâce. Les cigognes cependant y posent leurs nids, confiance téméraire; quelque jour, le poids de leurs œufs suffira à tout faire crouler.

Mais nous sommes à Éphèse, et nous parlons de toutes ces misères! Les bâtisses des Turcs, cela importe bien! Des constructions byzantines, des théâtres romains, est-ce donc là ce que nous sommes venus chercher? Ce grand nom d'Éphèse n'appelle-t-il pas de plus dignes souvenirs? N'est-il rien qui puisse noblement l'encadrer! Le temple! le temple de Diane où est-il? Ce temple dont les anciens nous parlent tant, et Pline et Lucien, et

Philon de Byzance et Vitruve, et les apôtres qui l'avaient vu regorgeant de richesses et assiégé par un concours immense de fidèles.

Le temple, nous dit Vitruve, était octo-style et diptère, c'est-à-dire qu'il avait huit colonnes sur ses faces et que, sur ses flancs, les colonnes formaient deux rangs parallèles. Pausanias le proclame le plus magnifique édifice du monde, Ampelius le vante avec enthousiasme, Pline enfin nous en donne une description assez détaillée :

« Ce temple, nous dit-il, qui nécessita deux cent
« vingt ans de travaux, avait été élevé aux frais des
« rois et des principales cités de l'Asie. On le plaça
« sur un sol humide pour le mettre à l'abri des
« tremblements de terre; et pour que cependant les
« fondements d'une masse aussi considérable ne
« portassent pas sur un terrain glissant, on établit
« d'abord un lit de charbon broyé et de la laine par
« dessus. Le temple entier a quatre cent vingt-cinq
« pieds de long et deux cent vingt de large. Cent
« vingt-sept colonnes, présents d'autant de rois, s'y
« alignent; elles sont hautes de soixante pieds. De
« ces colonnes trente-six sont sculptées ; une l'a
« été par Scopas. L'architecte fut Chersiphron. On
« eut une grande difficulté pour placer le linteau de
« la porte. C'était une masse énorme, et tout d'abord
« elle ne portait pas d'aplomb. L'artiste désespéré
« songeait à se tuer ; mais Diane lui apparut en
« songe, l'exhortant à vivre et lui promettant
« qu'elle-même allait mettre la main à l'ouvrage.

Temple de Diane.

« En effet, le lendemain, le linteau était en place
« et parfaitement d'aplomb. »

Le temple d'Éphèse que Pline décrit était le septième temple. Six autres temples antérieurement construits avaient été successivement détruits ; un d'eux, le jour même où naissait Alexandre, avait péri dans l'incendie allumé par Érostrate. Ce pauvre Érostrate, on le traite de fou ; il raisonnait cependant fort bien. Il voulait immortaliser son nom, n'y a-t-il pas réussi ? Dira-t-on que cette immortalité, achetée au prix d'un temple dévasté, coûta bien cher ? Mais la Grèce, l'Asie devaient payer plus cher encore l'immortalité d'Alexandre, Érostrate fut immortel à meilleur marché.

On citait le temple d'Éphèse comme un modèle ; c'est là que, pour la première fois, les colonnes (elles étaient d'ordre ionique) reçurent des tores, et que, réglant leurs proportions, on leur donna un diamètre égal à la huitième partie de la hauteur. La charpente était en bois de cèdre, on en pouvait atteindre le faîte par un escalier taillé, disait-on, dans un seul cep de vigne provenant de Chypre.

Et quelles richesses prodigieuses on gardait dans cette enceinte entre toutes sacrée ! C'était après la Diane fameuse, faite de bois de cèdre, une statue d'Hécate par Ménestrate ; les gardiens prétendaient qu'il y avait péril à la regarder en face, tant était vif l'éclat de ses yeux de marbre. C'était un Apollon de Myron qu'Antoine enleva, mais qu'Auguste fit restituer, désireux sans doute de se montrer, une fois dans sa vie, moins rapace que son rival. C'étaient les statues des Amazones fondatrices légendaires de la cité; Polyclète, Phidias, Crésilas les avaient sculptées, et celle de Polyclète, proclamée la plus belle, était au premier rang.

On voyait des colonnes des marbres les plus précieux; quelques-unes enlevées par Justinien, se dressent maintenant dans la basilique de Sainte-Sophie. D'autres colonnes, mais celles-ci de marbre blanc, portaient sur la partie inférieure de leur fût des sculptures en ronde bosse, ornementation singulière que Pline semble indiquer, et que l'on ne rencontrait peut-être dans aucun autre temple antique.

Les peintres, non moins que les sculpteurs, avaient pris part à la décoration du temple d'Éphèse.

Apelle y avait représenté Alexandre le Grand, la foudre à la main, comme Jupiter que la légende lui donnait pour père; et cette main menaçante, posée dans un raccourci audacieux, semblait, nous dit-on, sortir du cadre. Cette peinture avait été payée vingt talents d'or, environ un million de francs de notre monnaie. Quelle toile aujourd'hui, fût-elle signée d'un nom aimé entre tous, atteindrait une pareille somme? On voyait encore un Ulysse attelant, dans sa folie simulée, un bœuf avec un cheval, des hommes en manteau qui réfléchissent, un capitaine remettant son épée au fourreau, et combien d'autres trésors dont le souvenir même a disparu!

LE TEMPLE DE DIANE.

Le temple de Diane était renommé par ses richesses, mais plus encore par sa sainteté ; les flâneurs curieux y étaient nombreux sans doute, mais plus nombreux encore les pèlerins dévôts, et cela jusqu'aux derniers jours du paganisme. Jupiter, plaisamment mis en scène par le grand railleur Lucien, se plaint de cette concurrence redoutable :

« Il fut un temps, dit-il dans l'*Icaroménippe*, où
« je leur semblais être prophète, médecin, où j'é-
« tais tout en un mot :

« Rue, agora, partout on voyait Jupiter.

« Alors Dodone et Pise étaient brillantes et cé-
« lèbres ; la fumée des sacrifices m'obstruait la vue.

« Mais depuis qu'Apollon a établi à Delphes une
« agence de prophéties, qu'Esculape tient à Per-
« game une boutique de médecin, que la Thrace a
« élevé un Bendidéon, l'Égypte un Anubidéon et
« Éphèse un Artémiséon (Artémise est un des noms
« de Diane), tout le monde court à ces dieux nou-
« veaux ; on convoque des assemblées solennelles ;
« on décrète des hécatombes ; quant à moi, dieu
« décrépit, on s'imagine m'avoir suffisamment
« honoré en m'offrant, tous les cinq ans, un sacri-
« fice à Olympie, et mes autels sont devenus plus
« froids que les lois de Platon ou les syllogismes
« de Crysippe. »

On imagine aisément quelle réception trouvèrent les premiers apôtres chrétiens au milieu de cette ville toute pleine du culte de Diane et qui vivait luxueusement de sa déesse, de son temple et des dévots pèlerins. Les actes des apôtres nous disent quelle hostilité souleva saint Paul. «Vive la grande Diane des Éphésiens! s'écrièrent les païens fidèles et plus bruyamment encore, cette population de marchands d'amulettes, d'orfèvres qui vendaient par milliers de petits temples d'argent ou des statuettes de la déesse, «Vive la grande Diane des Éphésiens!» Et cette clameur retentit avec un tel fracas au théâtre, au gymnase, au forum, qu'il nous semble encore en entendre dans le texte sacré un écho furieux.

Ce n'est pas cependant par des cris ni des supplices que l'on sauve un culte suranné ; la coalition même des intérêts privés, si puissante, ne saurait prévaloir contre la loi d'une irrémédiable décadence. On chassa saint Paul, mais non pas avec lui la foi qu'il prêchait. Les jours de la grande Diane étaient désormais comptés. Le christianisme triompha, Éphèse eut un évêque et compta entre les Églises les plus célèbres d'Asie Mineure.

Mais le temple d'Éphèse avait joui d'une trop grande réputation, d'une vogue trop longtemps persistante, pour qu'il pût échapper à la proscription et à la ruine.

Le zèle des iconoclastes fit pieusement rage sur ces marbres tout frémissants de souvenirs païens, sur ces autels tièdes encore de l'encens des sacrifices. L'Artémiséon avait été une des plus illustres citadelles des dieux déchus, et une citadelle qui tombe dans un assaut suprême ne saurait espérer de quartier.

Des fouilles, avons-nous dit, ont été entreprises à Éphèse en ces dernières années. Un architecte anglais, M. Wood, les dirigeait. Il rechercha l'emplacement du temple et paraît avoir été assez heureux pour le retrouver. Il recueillit aussi divers fragments, maintenant déposés au *British Museum* et qui, en toute évidence, ont appartenu au monument disparu. Ce sont : un chapiteau ionique très beau, très riche, de proportions colossales, car il mesure deux mètres quatre-vingts de longueur et la volute seule quatre-vingts centimètres ; un morceau d'architrave avec des figures drapées ; la partie inférieure d'une colonne décorée de figures en bas-relief, de grandeur naturelle, d'un très noble style et formant sur le marbre comme une ronde solennelle, c'est là sans doute une de ces colonnes sculptées que vante Pline. Les autres débris retrouvés ont moins d'importance.

Nous avons longuement parlé du passé, que dire du présent ? Nous savons à peu près, par le témoignage des anciens, ce qu'était le temple d'Éphèse, qu'est-il aujourd'hui ? Un si prodigieux entassement de marbre, de bronze, d'or, n'a pu disparaître sans laisser quelques fastueux vestiges. Il est temps de les chercher.

Montons sur les pentes rocailleuses de la colline où végète Ayassoulouk. Au-dessous de nous, dans un bas-fond humide, se dessine une sorte d'enceinte carrée; quelques blocs sont là épars, et les grenouilles sautent sur les cannelures qui les sillonnent. Une eau jaunâtre s'est répandue tout alentour, par des infiltrations souterraines; quand approche la nuit, les sangliers immondes viennent s'y vautrer; les joncs, les chardons géants s'écartent, comme s'ils craignaient de souiller leur feuillage dans la fange. Cette mare infecte, c'est le temple de Diane.

Éphèse, ruines de l'aqueduc.

Olympie.

IV

LE JUPITER D'OLYMPIE

A travers le Péloponèse : Corinthe, Némée, Stymphale, Phonia, Olympie.

Kalamaki fait pendant à Corinthe ; c'est un hameau qui se trouve sur la côte orientale de l'isthme. Une route carrossable, chose beaucoup plus rare en Grèce qu'un temple antique, traverse l'isthme et relie Kalamaki à la nouvelle Corinthe. Cette route cependant, nous la dédaignons, et, en effet, ce n'est pas de ce côté que nous avons marqué notre première étape. Ce qui est nouveau en Grèce ne vaut jamais ce qui est vieux, et la nouvelle Corinthe ne fait pas exception à la règle. Cette ville, éloignée de l'ancienne Corinthe de cinq kilomètres environ, se déploie au fond du golfe sur un sol plat ; elle compte à peine quelques années d'existence, et les tremblements de terre l'ont déjà ravagée plusieurs fois. Cette année encore, les maisons, à peine relevées, ont été jetées bas.

A peine sortis de Kalamaki, nous laissons la route de l'isthme sur la droite, pour suivre un sentier qui serpente dans la direction du sud-ouest. On me signale bientôt, sous un épais manteau de lentisques et de pins, l'emplacement d'un petit théâtre, puis un stade dont l'herbe envahit l'arène et les plans inclinés où s'étageaient les gradins. Ce stade a vu la pompe des jeux Isthmiques, les chars furieusement emportés, les luttes héroïques, les courses ardentes, le peuple agité et roulant sous les portiques comme une mer houleuse, et les vaincus sortant la tête basse, et les vainqueurs proclamés au milieu des acclamations retentissantes, et les poètes chantant leur triomphe, et les pontifes chantant les hymnes des dieux ; il a vu la Grèce de Thémistocle et de Léonidas, car l'isthme était comme un trait d'union, une terre sainte où Sparte se rencontrait avec Athènes, Argos avec Mycènes, Corinthe avec Mégare. Ce stade a vu encore, spectacle plus nouveau, un étranger, un barbare, venu des bords du Tibre, présider les jeux ; c'était Flaminius qui proclama, au nom de Rome, la liberté et l'indépendance de la Grèce. Le vieux stade, en faillit crouler, tant le peuple poussa de cris de joie et fit tonner de frénétiques applaudissements. Cela se passait en 196 ; cinquante ans plus tard, un proconsul s'installait à Athènes, la Grèce n'était plus qu'une province romaine. Puis Néron vint à son tour, il descendit dans l'arène, chanta ses vers et fut plus applaudi que Pindare ; il daigna vaincre, et les couronnes d'or lui furent décernées. Les Grecs flattaient mieux encore que les Romains, et l'empereur en fut ravi. Ce fut alors qu'il conçut le projet de couper l'isthme de Corinthe ; on commença les travaux, mais pour les interrompre bientôt après. Il est aujourd'hui vaguement question de les reprendre.

Nous nous élevons lentement à travers une campagne aride. On reconnaît des carrières abandonnées et quelques tronçons d'une chaussée antique. L'Acro-Corinthe, montagne grandiose, apparaît ; elle semble défendre la porte du Péloponèse. Les fortifications que l'antiquité, le moyen âge élevèrent pour fermer l'isthme, ont laissé des pans de murs rougeâtres ; catapultes et canons, confondant leurs ravages à travers les âges, en ont fait des ruines informes.

Nous atteignons un plateau que les orges recouvrent, et les épis verts, que la brise balance, ondulent, se plissent, chatoient, car la lumière varie subitement ses jeux sur cette petite plaine mouvante. Près de là une sorte de cuve ovale est creusée dans le tuf ; quelques archéologues y veulent connaître l'arène d'un amphithéâtre. Ce serait alors le seul monument de ce genre que renferme la Grèce. Stades, théâtres abondent ; l'amphithéâtre est presque inconnu, et rien ne fait plus l'éloge des Grecs et de la délicatesse aimable, humaine de leur goût. Les luttes loyales, héroïques des boxeurs, des coureurs pouvaient les passionner, le corps y révélait sa vigueur, son agilité en même temps que sa beauté ; mais le massacre organisé comme une fête, les fauves rugissants, les hommes jetés en pâture à leur appétit féroce, c'étaient là choses grossières, stupides autant qu'odieuses, et les hommes qui s'empressaient aux comédies de Ménandre, aux drames d'Euripide, ne pouvaient les accepter. Les Grecs applaudirent dans Néron un méchant histrion, mais ils s'obstinèrent toujours à siffler les gladiateurs.

Mon guide m'apprend bientôt que je suis à Corinthe, et certes l'avis n'est pas inutile. «L'opulente Co-« rinthe, chante Pindare, vestibule de Neptune Is-« thmique, mère des jeunes héros. » Corinthe qui était une des plus grandes et des plus riches cités de la Grèce, Corinthe, la ville de Laïs et des belles courtisanes, Corinthe, la ville des faciles amours où les riches patriciens, la jeunesse folle, les traitants, les corsaires pillards, les négociants enrichis allaient prodiguer à Vénus les trésors qu'ils devaient à Mercure, Corinthe où Démosthène lui-même un jour égara sa sagesse, l'antique et voluptueuse Corinthe n'est plus qu'un pauvre hameau poudreux, sale, lézardé, croulant. Je trouve un petit café, un érable centenaire y prête son ombre à la table que je fais dresser ; mais plus de Laïs qui égaye le repas de quelque chanson d'Anacréon. Je n'ai pour compagnie que des chiens hargneux et des poules affamées. Mummius a passé là, et Mummius, comme on sait, s'entendait à déménager une ville ; lui-même, dans une inscription que l'on conserve au Vatican, se vante d'avoir détruit Corinthe. Corinthe toutefois s'était peu à peu relevée de ses ruines ; Pausanias qui vint là, au second siècle de l'ère chrétienne, parle de tombeaux fastueux, d'autels, de temples et de statues de bronze.

Corinthe ne garde aujourd'hui que les restes d'un temple, fort ancien, antérieur au Parthénon, et, comme quelques temples de Sélinonte en Sicile, remontant probablement au sixième siècle. Sept colonnes sont debout ; cinq conservent leurs chapiteaux et les architraves qui les réunissent ; elles accusent l'un des angles du monument. La sixième a perdu son chapiteau, la septième coiffe encore le sien, mais un peu de travers ; les tremblements de terre ont compromis son aplomb. Les fûts monolithes se renflent lourdement, rétrécissant vers le sommet leurs larges cannelures. Les colonnes ne mesurent pas sept mètres de hauteur totale, tandis qu'elles ont plus d'un mètre et demi de diamètre à leur base. Les chapiteaux projettent un tailloir d'une saillie énorme. Aussi toute cette bâtisse est robuste, trapue, mais non sans majesté ; il semble qu'on ait taillé ces blocs à grands coups de hache, et non pas qu'on les ait appareillés par le travail patient du ciseau. Cette ébauche brutale a quelque chose de grandiose et d'héroïque. Ce furent des hommes rudes encore qui élevèrent ce temple. Bien vénérables sont ces colonnes : elles ont vu Corinthe aux premiers jours de ses grandeurs. La tempête que Rome déchaînait a passé sur elles sans les détruire ; elles ne gardent plus un équilibre parfait, et l'on dirait qu'elles s'étayent l'une l'autre pour ne pas tomber. Les éperviers tourbillonnent tout à l'entour, gardiens des ruines, et leurs cris protestent contre notre profane curiosité.

L'Acro-Corinthe portait l'acropole de Corinthe ; mais aucune acropole ne prit jamais piédestal plus élevé, car la montagne dresse sa cime à près de six cents mètres au-dessus du golfe. C'était là une formidable citadelle ; depuis les Pélages jusqu'aux Turcs, tous les peuples, tous les conquérants s'empressèrent à s'y retrancher.

L'Acro-Corinthe ceint encore des murailles crénelées qui montent, descendent, remontent, obéissant à toutes les sinuosités du rocher ; chaque siècle, chaque invasion victorieuse est venue y apporter sa pierre. On reconnaît, aux premières assises, quelques blocs cyclopéens, puis des blocs plus petits, moins anciens et d'un appareil plus régulier ; les Grecs et les Romains ont dû les porter là. Le moyen âge, à son tour, a exhaussé les murailles et les a flanquées de tours d'une maçonnerie grossière. On voit les trous bouchés, les brèches fermées à la hâte, et peut-être entre deux assauts, car ces remparts racontent eux-mêmes leur histoire et chaque pierre dit son passé.

Les portes sont d'apparence toute féodale ; leurs battants vermoulus sortent à demi des gonds. Plusieurs enceintes s'échelonnent, toutes désertes, toutes abandonnées. Les campanules suspendent aux créneaux leurs bouquets bleus, les fougères s'échappent des meurtrières, curieuses, dirait-on, de voir le jour, et les chardons géants, réunis en phalange, tout hérissés d'épines, escaladent les décombres. Maisons, palais, tombeaux, sanctuaires païens, églises chrétiennes, mosquées musulmanes mêlent leurs ruines, et toutes ces grandeurs tour à tour déchues, tous ces vainqueurs tour à tour vaincus, toutes ces gloires tour à tour abolies semblent se réconcilier dans une commune dévastation.

Ici traîne un canon rouillé, là jaillissent quelques fûts de marbre, plus loin de noirs soupiraux révèlent des citernes souterraines. Les koubas turques croulent et leurs petites coupoles sont percées de trous comme un ballon qui crève. Les murailles grimpent sur les murailles, les ruines ensevelissent les ruines, l'herbe ronge les pierres, parfois quelque serpent s'enfuit, agitant les euphorbes ou les asphodèles roses, et le vent, que rien n'arrête, jette à cette solitude désolée de longs gémissements.

L'Acro-Corinthe a deux cimes d'inégale hauteur ; j'entreprends de me hisser jusqu'à la plus élevée.

De là les yeux embrassent de toutes parts un horizon immense. D'un côté, c'est l'isthme, pont gigantesque qui réunit le Péloponèse à l'Attique; à l'orient, à l'occident, la mer le presse et l'enserre. A nos pieds, auprès des ruines de son dernier temple, la vieille Corinthe agonise. La nouvelle Corinthe est un peu plus loin ; elle aligne des rues symétriques, mais les maisons qui les bordent sont déjà croulantes. Cependant quelques petites voiles blanches s'avancent vers le port. Le golfe s'allonge, protégé contre les vents du nord par un rempart de montagnes ; c'est là que don Juan d'Autriche coula la flotte turque. Vers le nord apparaît la baie d'Éleusis, et Salamine y découpe ses côtes capricieuses.

Près de là sont l'Hymette et le Pentélique qui ont porté les temples d'Athènes dans leurs flancs. Égine occupe les limites extrêmes de l'horizon. Au sud se trouve un vallon verdoyant où sommeille Cléones ; puis d'énormes montagnes, aux flancs sombres, aux cimes rayonnantes, limitent la terre du Péloponèse.

Laissant derrière nous l'Acro-Corinthe, nous prenons la direction de Cléones. Le sentier caillouteux que nous suivons, a longtemps été redouté des voyageurs. C'est ici que Sinis dévalisait et martyrisait, avec une atroce cruauté, les malheureux capturés par lui. Il les attachait, nous dit-on, à des pins que ployaient ses mains puissantes, puis les pins, brusquement abandonnés à eux-mêmes, se redressaient, et les membres déchirés, mis en lambeaux, allaient se balancer à leurs branches.

Thésée, le grand redresseur de torts de la Grèce légendaire, triompha de Sinis et lui fit subir le supplice qu'il avait inventé. Sinis toutefois eut une longue postérité ; naguère encore le brigandage hantait ces parages. Mon guide me fait remarquer de petits tas de pierres élevés de loin en loin ; ce sont des signes de convention, une sorte de langage mystérieux qui permettait aux brigands de connaître quelque cachette, de transmettre quelques mots d'ordre, de préciser le lieu de quelque rendez-vous ; le petit Poucet agissait ainsi pour être bien sûr de retrouver son chemin. Mais le dernier brigand a disparu. Il est encore des pins qui se cramponnent aux pentes arides, il n'est plus de Sinis qui menace de nous y accrocher. Le gendarme grec, comme son aïeul, l'héroïque Thésée, fait maintenant bonne garde.

Nous cheminons pendant plusieurs heures dans un pays montueux. Enfin nous atteignons Cléones, site presque désert qui garde encore quelques blocs de ses murs cyclopéens. Une pauvre masure s'adosse au tronc d'un vieux saule ; on m'y accueille sans peine, et l'on m'adjuge la plus belle chambre: c'est un grenier poudreux, sombre ; la lumière n'y pénètre que par les brèches de la toiture. La nuit vient. Je dîne au pied d'un saule pleureur, rêvant de tant de ruines saluées, de tant de souvenirs évoqués entre l'aurore et le crépuscule du même jour.

Nous repartons dès l'aube. Nous voici chevauchant gaiement entre une double haie d'amandiers sauvages ; un petit ruisseau nous accompagne et, gazouillant dans les herbes, semble nous souhaiter bon voyage.

Mais bientôt nous sortons du vallon de Cléones, une pénible escalade commence. Le roc apparaît, presque toujours nu ou seulement moucheté d'arbrisseaux épineux. Quelques entailles assez régulières, quelques blocs abandonnés marquent l'emplacement d'anciennes carrières ; c'est de là sans doute que sortirent les monuments de Némée. Nous atteignons une crête dévastée, aride et de là, changeant de versant, nous découvrons Némée et son vallon. La descente est plus rapide que la montée.

Nous passons devant la fontaine Adrastée que Pausanias mentionne ; puis une dépression du sol allongée, régulière, donne vaguement l'idée d'un stade. Près de là un antre est creusé dans le rocher ; l'antiquité voulait y reconnaître le repaire du lion dont Hercule triompha. Enfin le temple trône au centre du vallon, et les montagnes énormes se groupent tout alentour.

Tout à coup une meute de chiens furieux nous assaille : ce sont de véritable bêtes fauves, et leurs maîtres, les bergers du pays, ne s'empressent jamais de les calmer ; je suis chassé à courre comme un cerf.

Mon pauvre cheval, épouvanté, étourdi des aboiements, prend le galop, peut-être pour la première fois de sa vie. Cette terrible chevauchée me conduit bientôt jusqu'aux ruines ; là, les pierres ne manquent pas, munitions précieuses, et nos ennemis, devinant sans doute mon intention de les lapider, précipitent aussitôt leur retraite.

Au second siècle de notre ère, le temple de Némée était déjà abandonné. Pausanias nous dit en effet : « On trouve un temple de Jupiter Néméen qui « mérite d'être vu bien qu'il n'ait plus de toit et « qu'il n'y reste aucune statue. » Depuis Pausanias l'œuvre de destruction ne s'est pas arrêtée. Le temple toutefois ne semble pas avoir subi la lente injure des siècles, et l'on dirait qu'il a été jeté à terre tout d'un coup. Les colonnes ont été renversées avec une sorte de symétrie : leurs tambours s'alignent dans l'herbe, inclinés les uns sur les autres sans désordre et le chapiteau les termine. Il semble qu'on ait là les pions d'un jeu de dames qu'un géant, mécontent d'une défaite, aurait bousculés d'un revers de main.

Pas un bloc ne s'est brisé. Les donjons féodaux, s'émiettent en s'écroulant ; le temple grec se divise, se démonte, il ne fait ni décombres, ni poussière. Une main patiente pourrait le relever, et sans grande difficulté ; il suffirait de recueillir une à une les pierres. Chaque bloc suppose le bloc suivant, et l'unité parfaite du corps se révèle en ses membres épars.

Trois colonnes seulement sont restées debout. Deux appartenaient au pronaos ; la troisième, de proportions un peu plus fortes, haute de plus de dix mètres, se dressait à l'extérieur ; son chapiteau est ébrèché. On peut suivre sans trop de peine, le périmètre de la cella ; quelques blocs en indiquent l'enceinte et le sol garde quelques-unes des dalles qui le recouvraient.

Le temple était d'ordre dorique, assez vaste, sans être immense. Les fûts s'allongent à peu près dans les mêmes proportions qu'au temple de Sunium ; les tailloirs des chapiteaux n'accusent qu'une faible saillie ; enfin une certaine grâce tempère la majesté un peu sévère des lignes. Aussi les archéologues assignent-ils au temple de Néméc une date postérieure à celle du Parthénon. Il aurait été construit dans les dernières années du quatrième siècle avant l'ère vulgaire.

Tout est de pierre ; on rencontre rarement des monuments grecs en marbre, en dehors d'Athènes et de ses environs immédiats. Il était réservé aux Romains, grands constructeurs de voies, de mettre à contribution toutes les carrières du monde soumis par eux, et de promener de l'Afrique à la Gaule, de l'Asie à l'Espagne, les marbres, les granits, les porphyres les plus précieux. Les Grecs étaient plus empressés à construire des temples qu'à percer des routes, aussi est-on sûr, et cela se vérifie en Grèce comme en Sicile, de trouver à peu de distance des cités, les carrières qui en ont fourni les matériaux.

Du vallon de Néméc nous nous élevons sur une pente rapide, chevauchant à la recherche de Hagios Georgios.

Hagios Georgios est un village de quelque importance ; il succède à la ville de Phliunte et fut sans doute construit de ses ruines. C'est au village moderne que nous passerons la nuit ; mais respectueux des gloires séculaires, nous faisons avant tout visite à l'antique cité. Les restes, à peine reconnaissables, sont presque partout rasés au niveau du sol. L'acropole renfermait, nous dit-on, un temple de Junon et un temple de sa fille Hébé, leurs colonnades blanches s'encadraient aux colonnades noires des cyprès, mais cyprès et colonnes ont disparu sans laisser de traces. Au sud de Phliunte. coule un petit ruisseau qui va rejoindre l'Anopus. Nous sommes peu éloignés de l'Omphalus, point que les anciens considéraient comme le centre exact du Péloponèse, et en pleine Arcadie, la terre classique des bergers. *Et in Arcadiâ ego.*

Les bergers n'ont pas déserté ; nous en voyons quelques-uns de noble et élégante tournure ; ils se tiennent debout, au faite des rochers comme des héros de marbre au front d'un temple.

Leur fustanelle qui fut blanche, se balance autour des reins à chaque mouvement ; les jambes sont serrées dans une sorte de maillot qui dessine leurs maigreurs vigoureuses et fines ; les pieds chaussent des souliers qui se relèvent vers l'extrétrémité et sont ornés d'une houpette. La taille est mince, et bien des femmes en envieraient la grâce svelte et la souplesse exquise. La ceinture faite de cuir, est disposée pour recevoir yatacans et poignards, sabres et pistolets, tout ce bagage menaçant dont les hommes de l'Orient se plaisent à s'embarrasser. La Grèce, à l'exemple des grandes nations Européennes, proscrit les armes apparentes. La mise en scène y perd de son originalité pittoresque si la sécurité publique y gagne : telle querelle qui aurait fini dans le sang, se dénoue par quelques coups de poing.

Le torse revêt une petite veste aux manches pendantes; enfin une calotte décolorée complète le costume. Les traits sont fortement accentués, et les moustaches, que seules le rasoir épargne, prêtent à la physionomie quelque chose de martial et d'un peu rude.

Les rois qu'a chantés Homère, devaient ressembler fort à ces bergers et comme eux sans doute ils allaient, sur la montagne, faire pâturer leurs troupeaux. Le premier sceptre fut une houlette.

Mon guide est pris du caprice de boire du lait, il nterpelle un berger. Le berger nous entend; il descend, majestueux et calme, son bâton posé sur la nuque et ses mains brunes encadrant son visage. Il vient à nous. Il a du lait, nous dit-il et ne refuse pas de nous en céder, mais ce lait ce sont les chèvres qui le portent, et il n'a pas de vase pour les traire; qu'à cela ne tienne! mon guide ne s'embarrasse pas pour si peu. Une chèvre est saisie, en dépit de ses vaines protestations, on la maîtrise, le buveur s'étend sur le dos, saisit les mamelles comme ferait un chevreau. L'homme et la bête sont bizarrement entrelacés. Quel groupe! parodie grotesque de la légende païenne qui nous dit la chèvre Amalthée allaitant le jeune Jupiter; si j'avais des cymbales, je m'improviserais corybante. La pauvre bête regarde de côté à la dérobée, son formidable nourisson, elle a des airs de stupéfaction et d'épouvante. Aussi, à peine délivré, quelle fuite! quelle course folle et qui ne cesse qu'à la crête des rochers les plus abrupts!

En face de Hagios Georgios, le mont Polyphengos porte quelques restes antiques. Vers le nord-ouest, plus élevé, plus majestueux, le mont Courias se déploie, il distille de ses flancs les sources qui forment l'Asopus.

Le lendemain matin, en moins de deux heures, de Hagios Georgios, nous gagnons Stymphale que les flèches d'Hercule délivrèrent de ses oiseaux redoutés. Il y avait là une ville ruinée dès le temps de Pausanias et qui marque vaguement son enceinte par quelques vestiges de fortifications; il y avait aussi un lac plus fameux et qui croupit encore, au milieu d'une plaine aride. C'est une sorte de marais que les pluies de l'hiver remplissent, que dessèchent presque complétement les chaleurs de l'été; il va se déverser dans un katavothron, gouffre où les eaux bouillonnantes se précipitent avec fracas. La terre les engloutit, comme si elle voulait en grossir, au fond des Enfers, le Styx et l'Achéron.

Nous passons au-dessus de ce katavothron, et bientôt nous traversons un petit ruisseau que l'on appelle pompeusement la rivière de Lafra. Puis nous nous engageons sur les pentes de Gérantion; une vue magnifique nous attend à son sommet. De là on découvre les villages de Masa, de Mesano, et Phonia avec son lac bleu enchâssé dans la verdure.

La journée a été fatigante, aussi je ne tarde pas à me retirer dans la chambre que l'hospitalité obligeante d'un habitant de Phonia a mise à ma disposition.

Mais Phonia n'a rien qui puisse retenir quiconque est avant tout curieux de vieilles pierres et de vieux souvenirs; le lendemain, dès l'aurore, nous chevauchons dans la direction de Clitor. Il nous faudra plus de six heures de marche avant d'y atteindre.

Nous longeons quelque temps le lac de Phonia. Un pic jaillit bientôt sur la droite, tout hérissé de pins. Le sol garde quelques vestiges mal effacés de constructions antiques. Un mur paraît avoir autrefois intercepté le passage entre le lac et les montagnes qui l'encadrent à l'occident; sans doute les habitants de Phonia craignaient les visites intéressées de quelques turbulents voisins.

Les eaux du lac de Phonia, comme celles du petit lac de Stymphale, se perdent dans un de ces gouffres que les Grecs appellent Katavothron; puis elles cheminent souterrainement et vont reparaître beaucoup plus loin au village de Lycomia, de là enfin elles descendent au Ladon.

Le lac disparaît. Nous nous hissons péniblement dans un sentier que les chèvres semblent avoir tracé pour leur usage exclusif. Le col que nous traversons incline au nord vers Kalavrita ; mais nous suivons la direction du sud. Le Ladon prend ici sa source, le Ladon est un affluent de l'Alphée, l'Alphée traverse Olympie, cette eau que nous voyons sourdre dans les rochers va où nous allons nous-mêmes.

La vallée de l'Arvaniüs apparaît souriante ; quelques moulins y caquettent, faisant barbotter dans l'eau leurs roues ruisselantes. Nous sommes sur le chemin de quelque cité antique, car une voie marque vaguement son tracé. Elle gagnait Clitor, et si la légende ne ment pas, cette voie serait la première où les roues d'un char auraient creusé leurs ornières, car les chars furent, dit-on, inventés à Clitor.

Le site de Clitor est désert ; ses temples n'ont laissé que quelques tambours ombragés d'un chêne centenaire, ses remparts que des blocs dispersés, des assises incomplètes et le cercle indécis de quelques tours.

Nous allons coucher à Kalyvia de Mazi.

Le nom d'Érymanthe s'applique tout à la fois à un groupe de montagnes et à une petite rivière affluent de l'Alphée ; montagnes et rivière sont peu éloignées. Nous sommes aux lieux où Hercule accomplit l'un de ses douze travaux, et c'est là le troisième champ de victoire illustré par lui que nous rencontrons ; nous suivons une à une les étapes de sa gloire. A Némée il tua un lion, à Stymphale il extermina des oiseaux monstrueux, aux campagnes de l'Érymanthe, il étouffa un sanglier qui saccageait toute la contrée. Que de grands souvenirs en ce beau pays de Grèce! Les héros et les dieux y font partout cortége au voyageur.

C'est aussi sur cette terre que nous foulons, qu'Alcméon se retira, fuyant les Furies acharnées à sa poursuite. Il avait tué sa mère Eryphile et voulait expier son forfait par d'austères pénitences. L'eau de l'Érymanthe ne put suffire à purifier ses mains, et certes s'il existe un fleuve qui puisse laver la souillure sanglante d'un parricide, ce n'est assurément pas en Grèce. Ici fleuves et ruisseaux coulent le plus souvent à sec, et c'est merveille quand on se mouille un pied pour les traverser.

Aux rives de l'Érymanthe, ainsi qu'aux rives des autres rivières du Péloponèse, les roseaux se pressent, dérobant aux yeux des profanes la honte des Naïades et de leurs urnes taries. Parfois aussi les lauriers-roses s'entrelacent aux roseaux, frémissant comme si les baisers d'Apollon y cherchaient encore Daphné disparue.

Tripotamo où l'Érymanthe reçoit le maigre tribut de deux petits torrents ombragés de platanes, possède un khan et quelques maisons; c'est une dépendance du village moderne de Mostivitza.

Près de là s'élevait Psophis, place forte qui défendait le passage entre l'Arcadie et l'Élide. Elle prend pour base un roc avancé qui domine l'Érymanthe et l'Arvanius. Il était une double enceinte qui a laissé des restes reconnaissables. Fiers de la force de leur ville, et se croyant sans doute invincibles dans ce nid de pierre, les habitants osèrent s'allier aux Étoliens, aux Éléens et défier Philippe de Macédoine. Mais Philippe était coutumier de vaincre, et le premier assaut lui livra la place. Polybe nous dit, du reste, qu'il usa avec modération des droits de la victoire.

Psophis conserve encore quelques gradins d'un petit théâtre et, sur la rive droite de l'Érymanthe, les fondements d'un grand édifice. Les chênes, au feuillage sombre, recouvrent les montagnes environnantes.

De Psophis à Olympie nous ne cessons de descendre. Ce sont d'abord des bois où les chênes cèdent bientôt la place aux pins, puis le sol s'abaissant, quelques oliviers apparaissent, puis quelques champs de maïs. On traverse le petit village de Lala, le dernier centre habité que l'on rencontre avant de gagner Olympie.

Olympie était moins une ville qu'un lieu sanctifié par les traditions légendaires et le culte des dieux. Tout y était prodige, la nature elle-même avait, en toutes choses, de mystérieuses origines. Jupiter, disait-on, avait combattu là contre un certain Cronus qui lui disputait l'empire du monde, et c'était en commémoration de cette victoire de son père qu'Hercule avait institué des jeux solennels. Plus tard, Jupiter lui-même confirma la consécration de cette terre et frappant le sol de la foudre, il y fit brèche. Parfois de cet antre béant, s'échappait une voix qui chantait des oracles redoutés.

L'Alphée, qui traverse la plaine d'Olympie, avait été primitivement, prétendait-on, un hardi chasseur. Épris follement de la nymphe Aréthuse, il l'avait poursuivie de campagne en campagne ; mais celle-ci, toujours rebelle, toujours fuyant, avait traversé la mer et abordé aux rivages de Sicile. Là une divinité protectrice l'avait transformée en fontaine. L'îlot d'Ortygie, qui porte un des quartiers de Syracuse, montre encore cette eau pure et douce qui naît à quelques pas de la mer. Alors Alphée, lui aussi, sollicita sa métamorphose ; devenu fleuve, il n'abdiqua pas son amour. Toujours à la recherche de l'ingrate, il entra à son tour dans la mer, puis, par une voie mystérieuse, il gagna la Sicile, et Aréthuse, enfin touchée, consentit à mêler ses ondes aux ondes de celui qui l'avait tant aimée.

Historiquement, les jeux Olympiques furent établis, ou du moins rétablis, en 884 par Iphitus, roi d'Élide, sur les conseils de Lycurgue. On les célébrait tous les quatre ans, à la pleine lune du solstice d'été. Ils duraient cinq jours et chaque jour était réservé à un exercice spécial : le saut, la lutte, la course à pied et en char, le jet du disque, le jet du javelot donnaient tour à tour aux jouteurs, l'occasion de déployer leur habileté et leur vaillance.

On organisa aussi, un peu plus tard, des jeux en l'honneur de Junon, sœur et femme de Jupiter. Seules les jeunes filles y prenaient part. Elles descendaient dans l'arène et couraient sommairement vêtues, des voiles trop lourds auraient gêné la légèreté de ces nouvelles Atalantes ; galant spectacle et qui devait agréablement reposer les yeux fatigués, des athlètes, des boxeurs, des assommeurs et de leurs bousculades héroïques.

Le vainqueur recevait une couronne d'olivier sauvage ; on dressait une statue en son honneur. Si le même homme avait triomphé trois jours de suite, c'est-à-dire dans trois exercices différents, on avait soin que cette statue fût parfaitement ressemblante et pût fidèlement transmettre à la postérité les traits du héros.

Aux grands âges de la Grèce, aucun titre de gloire qui fut plus envié, plus recherché, plus complaisamment étalé que celui de vainqueur aux jeux Olympiques. Celui-là qui rentrait dans sa ville natale le front ceint de l'olivier, gage de victoire, voyait souvent abattre devant lui un morceau des remparts, et passait par la brèche comme un conquérant. Sparte réservait à ses fils vainqueurs à Olympie un privilége plus grand encore, ils étaient admis à combattre dans la prochaine bataille aux côtés du roi.

Le fameux Milon de Crotone tour à tour renversa, dépassa, assomma tous ses rivaux ; puis pour mettre le comble à sa gloire, il chargea lui-même sur son épaule sa statue faite d'airain et seul la porta jusqu'au piédestal.

Ces statues étaient souvent l'œuvre des sculpteurs les plus illustres. Lysippe avait fait celle d'un certain Polydamas de Scolusse, l'homme le plus grand et le plus fort de son temps. On racontait de lui des exploits qui semblent fabuleux. Il avait étouffé un lion dans ses bras.

Un taureau furieux mettant tout un troupeau en émoi, Polydamas l'avait saisi par une patte, arrêté tout net, et la bête n'avait réussi à se dégager qu'en laissant son sabot dans la main de son terrible dompteur.

Etre beau, être fort, être grand, cela suffisait aux Grecs pour que l'on fût digne de l'immortalité.

Les jeux Olympiques restèrent en honneur tant qu'il fut un Olympe et des dieux ; on les célébrait encore au troisième siècle de notre ère.

C'est au milieu de cette solennité toute païenne que le philosophe Lucien vit, aux dernières années du second siècle, Pérégrinus se brûler vif dans un bûcher que lui-même avait fait élever. Ce Pérégrinus, dit aussi Protée, chrétien peut-être, du moins initié quelque temps aux idées chrétiennes, dans tous les cas fou d'orgueil, avait pompeusement annoncé qu'il donnerait par son supplice volontaire un témoignage du mépris que mérite la mort.

« Dès que la lune est levée, dit Lucien, car il
« fallait bien qu'elle fût aussi témoin de ce bel
« exploit, Protée s'avance dans son costume ordi-
« naire, entouré des sommités de la secte cynique,
« notamment l'illustre citoyen de Patras, qui mar-
« che, un flambeau à la main, et remplit à mer-
« veille le second rôle de la pièce. Protée aussi por-

« tait un flambeau. Arrivés au bûcher, chacun y
« met le feu de son côté, et il s'élève aussitôt une
« grande flamme, produite par les torches et le
« bois sec. Ici, mon cher, fais bien attention.
« Protée dépose sa besace, met bas sa massue
« d'hercule, se dépouille de son manteau, et paraît
« avec une chemise horriblement sale. Il demande
« de l'encens pour le jeter dans le feu : on lui en
« donne, il le jette et dit, en se tournant vers le
« midi, car le midi joue aussi un rôle dans cette
« tragédie : « Mânes de ma mère et de mon père,
« recevez-moi avec bonté ! » Après quoi, il s'élance
« dans le brasier et disparaît enveloppé par une
« grande flamme qui s'élève.... »

Voilà certes un spectacle qui fut nouveau pour Olympie.

Les jeux Olympiques imposaient à tout le monde Grec une trêve sacrée. Nulle scène de discorde et de haine ne devait profaner ces grandes solennités nationales. Il y avait donc, dans cette institution, une pensée haute et noblement humaine. Ce n'était pas seulement le triomphe des corps jeunes, souples, vigoureux, puissants ; c'était encore, au moins pour quelques jours, la paix des esprits et comme le saint apprentissage de la fraternité. L'ennemi que l'on combattait la veille, furieusement, follement, il fallait le voir, l'entendre, le connaître, il fallait peut-être applaudir à la victoire de quelqu'un de ses enfants, car l'impartialité la plus austère inspirait les jugements rendus, et l'injustice était impossible en face de la Grèce entière. Les juges ne faisaient le plus souvent que formuler un arrêt que la foule avait prononcé.

L'homme mis en face de l'homme dans un duel loyal, obligé de se respecter lui-même dans son rival ! Quelle heureuse leçon ! mais peu féconde par malheur. La Grèce en avait pu concevoir la pensée, mais elle ne devait pas en tirer grand profit ; en même temps que les jouteurs reprenaient leurs vêtements, les peuples reprenaient leurs passions égoïstes et leurs haines insensées.

Quel spectacle devait présenter Olympie aux jours de ces belles fêtes ! La Grèce tout entière était là, et le spirituel Athénien, et le rude Spartiate, et le lourd Béotien et le Crétois subtile, et ceux de Messène, et ceux de Delphes, et ceux de Thèbes, et ceux d'Épidaure, et ceux qui venaient des îles, et les colons qui se souvenaient en Asie, en Gaule, en Sicile, que leurs ancêtres étaient nés sur cette terre de l'Hellade si fertile en fils glorieux. C'était une réunion de famille ; le passé, vivant encore dans le bronze des statues, dans le marbre des frontons, y souhaitait au présent la bienvenue.

Alors Olympie regorgeait d'une foule immense. En tout autre temps, on aurait aisément dénombré les habitants. Quelques prêtres, quelques gardiens tempeduol emp osaient la population, et l'on trouvait beaucoup plus de monuments que de maisons. Les dieux et les héros étaient là chez eux, les hommes ne faisaient que passer comme des hôtes d'un jour,

Les principaux édifices sacrés d'Olympie se groupaient dans un bois dit Altis qu'une enceinte entourait. On comptait quatre portes; la première était réservée au passage des cortéges pompeux, la seconde conduisait à l'hippodrome, la troisième faisait face au gymnase, la quatrième regardait le stade. Une cinquième porte, beaucoup plus petite, servait seulement aux prêtres et aux hommes de leur suite.

On trouvait dans l'Altis un temple de Junon, l'édifice le plus ancien d'Olympie. Il conservait une colonne faite de bois de chêne. C'est là que l'on gardait précieusement le coffre où la boiteuse Labda cacha son fils Cypsélus pour le soustraire aux assassins; ce coffre était orné de bas-reliefs en ivoire dont Pausanias nous fait une interminable description.

Puis venait le Metroum, grand temple dorique, élevé à la mère des dieux. Les empereurs Romains y trônaient en compagnie des immortels, Trajan avec Mars, Hadrien avec Mercure. Les césars s'égalaient aux dieux, mais le jour était proche où césars et dieux allaient disparaître dans une commune ruine.

Philippe de Macédoine avait élevé près de là, en commémoration de la bataille de Chéronée, un monument circulaire surmonté d'un dôme, entouré de colonnes. Trois statues d'or et d'ivoire s'y dressaient, reproduisant les traits du roi et de deux princes de sa famille.

On voyait encore les statues d'Antigone, de Séleucus, d'Alexandre, de Ptolémée fils de Lagus. Roi ou général heureux, conquérant ou simple athlète, quiconque avait mérité la gloire de quelque triomphe, quiconque portait un diadème d'or ou d'olivier revivait à Olympie ; les dieux s'y composaient une cour de toutes les grandeurs de la terre.

Un autel, consacré à Jupiter, s'élevait à vingt-cinq pieds au-dessus du sol et présentait cent vingt-cinq pieds de circonférence. On trouvait un sanctuaire de Jupiter Aponius (qui chasse les mouches). Voilà une divinité dont la protection serait encore fort désirable aux pays d'Orient. Pourquoi avoir déserté son culte?

Un autel, quelle heureuse tolérance! était réservé aux dieux inconnus, et le dévot pouvait y invoquer telle puissance surhumaine qu'il préférait. On conservait l'atelier de Phidias, et nul sanctuaire sans doute n'était plus vénérable.

Une colonne de bois se dressait, religieusement protégée, sous un toit que soutenaient quatre colonnes, c'était, disait-on, la dernière relique de la maison d'Onomaüs. Ainsi, au milieu de toutes ces magnificences, on signalait à la vénération du pèlerin deux pauvres colonnes de bois. Aux âges héroïques, les demeures des hommes, celles mêmes des dieux étaient ainsi construites. Le premier temple fut une grande cabane, les temples élevés par la suite indiquent encore les dispositions essentielles de ce modèle primitif, et les colonnes de marbre elles-mêmes rappellent, par leurs cannelures, les entailles que la hache laissait aux poteaux de bois.

Une curiosité d'un autre ordre, mais qui sans doute amusait fort les touristes, était un écho qui répétait, sous un portique, sept fois les sons, de là son nom *heptaphonon*, sept voix.

Enfin apparaissait le temple de Jupiter qu'avait élevé Libon. Il était de proportions énormes : soixante-dix-huit pieds de haut, quatre-vingt-quinze pieds de large, deux cent trente de long; les colonnes mesuraient plus de deux mètres de diamètre.

Ce temple avait reçu de chaque âge, de chaque peuple quelques trésors nouveaux ; toute victoire y laissait un trophée et les ennemis semblaient s'associer pour le faire splendide entre tous. Sur la cime, une Victoire ailée portait un bouclier d'or ; les Lacédémoniens, vainqueurs des Athéniens et des Argiens à Tanagre, l'avaient faite de la dîme du butin. Vingt-et un boucliers dorés étaient des présents de Mummius. Ce Mummius, qui pilla Corinthe avait, s'il en faut croire Pline, une rapacité désintéressée ; il mourut pauvre et sans laisser de dot à sa fille. Les généraux Romains ne devaient pas tarder à perfectionner le système, et les Sylla, les Pompée, les César ne pillaient pas qu'au profit de la seule République.

Alcamènes d'Athènes avait sculpté le fronton Ouest; les Centaures y combattaient les Lapithes aux noces sanglantes de Pirithoüs. Pœonios de Mendé en Thrace avait sculpté le fronton Est; on y voyait le roi Œnomaos vaincu à la course en char et mourant dans la carrière, tandis que triomphe son heureux vainqueur Pélops, qui mérite ainsi la gloire de gouverner le pays et de lui donner son nom. Pœonios avait aussi modelé la gigantesque victoire de bronze qui planait au faîte de son fronton. Enfin la merveille de toutes ces merveilles trônaient dans le temple; Phidias avait dressé là le colosse de Jupiter, et son génie s'était surpassé lui-même en cette création sublime.

Les Athéniens, fort renommés pour leur esprit, ce qui ne les empêchait pas de commettre souvent de grosses sottises, avaient intenté contre Phidias, déjà âgé, une accusation de vol et de sacrilége! Le grand artiste avait été contraint de quitter cette Athènes tant embellie par lui et si follement ingrate. Il se retira en Élide. Les Éléens l'accueillirent avec empressement et n'eurent garde de laisser inactif un ciseau qui donnait la vie. Or et ivoire furent prodigués au banni. Phidias, reconnaissant, entreprit de faire un Jupiter plus admirable encore que les Pallas par lui dressées à l'acropole d'Athènes. Il représenta le dieu assis sur un trône. Le torse était nu, fait d'ivoire. Les anciens excellaient à travailler cette matière; ils savaient l'assouplir, la tailler, la plier, la modeler, la souder de façon à dissimuler les joints aux yeux les plus attentifs. Une couronne d'olivier ceignait le front. Les jambes étaient enve-

Jupiter d'Olympie.

loppées dans des draperies d'or que des fleurs émaillées constellaient. La main gauche, majestueusement relevée, soutenait un sceptre dont un aigle occupait la cime. La main droite abaissée portait une Victoire ailée. Nul accessoire qui ne fût animé de figurines, de ciselures. La hampe du sceptre rayonnait de l'éclat des pierres précieuses. Au sommet des montants du trône, les Heures, les Grâces rhythmaient leurs rondes harmonieuses; sur les traverses, Hercule combattait les Amazones, Apollon et Diane perçaient de leurs flèches les enfants de Niobé; aux bras, des sphinx emportaient de jeunes Thébains.

Le tabouret où s'appuyaient les pieds du dieu montrait des lions accroupis. Sur le socle, Neptune et Amphitrite promenaient leur cortége de nymphes et de tritons, tandis que Phœbé s'élançait dans l'espace. Et toutes ces fables aimables, toutes ces légendes païennes, cet Olympe en miniature, semblait anéanti dans la gloire du dieu suprême; il les écrasait de sa masse formidable et son front calme planait sur toutes ces chétives immortalités.

Lorsque Phidias eût terminé sa tâche, il regarda en face le dieu fait par lui, et certes son génie avait droit à cette audace, puis il dit : « Jupiter, es-tu content ? » La foudre éclata aussitôt et, tombant au pied du colosse, fendit le marbre du sol. Jupiter avait répondu.

Quelques années plus tard, Antiochus fit présent d'un rideau de laine enrichi de broderies;

on le disposa de manière à former encadrement.

Les anciens qui n'avaient pas toujours l'amour de la précision, varient dans les mesures qu'ils donnent du Jupiter Olympien. Les uns veulent qu'il ait eu trente-six coudées, les autres soixante pieds. Strabon nous dit que s'il s'était dressé debout, il aurait enfoncé de la tête le plafond de son temple.

Cléopâtre avait offert aux Éléens une somme énorme de leur Jupiter, mais vainement; Caligula prétendit se l'approprier sans autre droit que son caprice. Il méditait de le faire placer au Palatin, de le décapiter et de lui faire l'honneur de substituer à la tête qu'avait modelée Phidias, sa propre tête impériale. Déjà les pillards officiels avaient abordé aux côtes d'Élide, on disposait tout pour conduire au maître de Rome le maître de l'Olympe; mais tout à coup le tonnerre gronda et le vaisseau de César fut mis en pièces par la foudre.

Libanius affirme qu'au temps de l'empereur Julien, le Jupiter était encore assis dans son temple. Il y resta plus de six siècles. Enfin Théodose le fit enlever et transporter à Constantinople. Alors le christianisme triomphait de toutes parts; il n'était plus de Jupiter pour défendre son image. Ce dieu de Phidias qu'on avait adoré si longtemps ne devait pas survivre beaucoup à la honte de son exil, il périt dans un incendie et avec lui le palais impérial qu'il devait décorer.

De tant de monuments entassés, Olympie ne garde plus rien qui soit reconnaissable. Quelques pans de murs de briques, des poteries brisées, des fragments informes, et c'est tout. L'Alphée parfois s'encaisse entre des rochers bizarrement découpés. Il est d'inextricables fouillis où les pins se mêlent aux oliviers sauvages, ceux-là même peut-être qui donnaient les couronnes qu'attendaient les vainqueurs. Le petit ruisseau de Cladaos rejoint l'Alphée ; quelques platanes le bordent.

Il y a près d'un demi-siècle, une expédition scientifique Française venait à Olympie ; elle put reconnaître l'emplacement du temple et recueillir, dans les fouilles, quelques débris de sculpture aujourd'hui déposés au Louvre.

Deux métopes de marbre représentent deux épisodes des travaux d'Hercule. Dans l'une, la nymphe protectrice du dieu, est assise sur un rocher : sa main droite levée a dû tenir un rameau gage de victoire ; Hercule (on n'a trouvé de cette figure que des restes affreusement morcelés) lui présentait, suppose-t-on, les oiseaux de Stymphale.

La seconde métope montre Hercule assommant un taureau. Il y a encore un torse incliné dans un mouvement hardi et sillonné de muscles puissants ; un ciseau fier et vigoureux a modelé ce marbre.

Depuis plus de deux ans, une expédition Allemande a repris méthodiquement et avec l'appui de subsides considérables, les travaux rapides et un peu sommaires de l'expédition Française. MM. Curtius, Hirschfeld, Botticher et en dernier lieu le docteur Georges Treu se sont succédés dans la direction des fouilles. On se propose en effet l'entreprise immense d'étudier, dans toute son étendue, le site illustre d'Olympie, et les recherches sont laborieuses, malaisées, l'Alphée, par ses débordements fréquents et les alluvions déposées, ayant bouleversé, et, sur quelques points, beaucoup exhaussé le sol primitif.

Déjà cependant sont dégagés presque complétement les restes du temple; puis dans toutes les directions on a poussé au delà, et c'est encore le temple qu'on s'efforçait de retrouver. Sa destruction première paraît avoir été en effet, comme celle de tant d'autres monuments de la Grèce, l'œuvre d'un tremblement de terre, et les blocs surtout ceux qui composaient les parties supérieures du temple, ont été projetées au loin. C'est ainsi qu'ont été découvertes, à une assez grande distance en avant des ruines, les figures des frontons.

Le fronton Est, le premier dont les débris aient reparu, œuvre, avons-nous dit, de Pœonios de Mendé, représentait les apprêts de la lutte entre Pélops et le roi Œnomaos. Celui-ci, selon la légende que la sculpture traduisait, avait appris d'Apollon qu'il mourrait le jour même du mariage de sa fille. Aussi l'avait-il condamnée au célibat. Un prétendant se présentait-il, Œnomaos le défiait à la course des chars; on partait de l'autel de Jupiter et l'autel de Neptune, à Corinthe était le but proposé. Et toujours, dans cette longue carrière, le ro atteignait et perçait de sa lance le malheureux qu n'avait pas craint de briguer le dangereux honneur d'être son gendre. Pélops cependant, après tant d'autres accepta la lutte : mais il s'était assuré la complicité de Myrtilas cocher d'Œnomaos, et celui-ci fut enfin vaincu. Il se tua de désespoir, disent les uns ; selon d'autres, le traître Myrtilas avait remplacé la cheville de bronze qui fixait les roues du char de son maître par une cheville de bois et le bois se brisant bientôt, Œnomaos fut précipité à terre et mis en pièces.

Des treize figures qui décoraient le fronton, les fragments de sept ont été retrouvés. Deux figures de fleuve terminaient à droite comme à gauche la vaste composition sculpturale de Pœonios. On les possède maintenant, mutilées mais cependant reconnaissables. Celle qui personnifie l'Alphée, repose nonchalamment étendue, l'attitude est calme, molle, les jambes s'allongent immobiles ; et les muscles du torse que nul mouvement ne met en jeu, ne s'accusent qu'en saillies légères et gracieusement adoucies. Tout autre est la figure du Cladaos. En représentant l'Alphée, le sculpteur semble avoir eu la pensée de nous montrer une rivière tranquille, lente, aux ondes paresseuses et caressantes ; il veut au contraire que dans le Cladaos nous devinions un torrent impétueux et fier. Celui-ci en effet, couché sur le côté droit, se soulève et brusquement se retourne ; les muscles sont en action, accentuant leurs mobiles saillies, la charpente osseuse elle-même s'accuse et l'on voit les sillons des côtes, le creux des clavicules.

On veut reconnaître, non sans quelque vraisemblance, dans un jeune homme accroupi, l'un des serviteurs de Pélops. La jambe droite est repliée sous lui, la jambe gauche se dresse courbée et le genou en avant; le poids du corps porte en grande partie sur le bras droit, et, la main droite pose fortement contre le sol. L'autre main cherche, aux environs du pied gauche, une sandale maintenant disparue et qui peut-être fût de bronze, détail familier, vulgaire dirait quiconque ne connaît pas les libertés et les audaces qu'acceptait le génie Grec. Un homme qui se déchausse ou se rechausse placé au fronton d'un temple, c'est là ce qu'on n'oserait plus; et cet homme cependant est admirable de noblesse, d'aisance héroïque et naïve en même temps que de vérité.

Une quatrième figure a pu être le cocher de Pélops. Il a un genou en terre, l'autre relevé. Il est nu jusqu'à la ceinture. Les draperies qui vont reposer sur l'épaule droite, sont traitées sommairement, mais largement. Au reste, dans cette grande page, les draperies sont rares et destinées seulement, semble-t-il, à combler certains vides, à équilibrer certaines lignes.

Un torse jeune très-mâle, très-fier a peut-être appartenu à Pélops lui-même. Dans un autre torse plus robuste, plus âgé, on hésite s'il faut reconnaître le corps du roi Œnomaos ou celui de Jupiter qui présidait, comme on sait, à la lutte des deux rivaux.

La dernière figure est celle d'un vieillard assis;

jambes et cuisses sont affreusement mutilées, mais la tête est intacte et très-remarquable. Le haut du crâne est chauve; la nuque et les oreilles disparaissent cependant couvertes de cheveux abondants. Une ride profonde comme une balafre que l'âge aurait faite, traverse le front; l'œil s'enfonce au creux de l'orbite, les joues semblent un peu molles, alourdies ainsi qu'il convient aux joues d'un vieillard; le nez est droit et fort, la bouche s'entrouve pour parler. Ce n'est pas là une tête toute de convention, mais une tête personnelle, vibrante et qu'une vie intense éclaire.

Le fronton de l'Ouest qu'avait sculpté Alcamènes d'Athènes, représentait le combat des Centaures et des Lapithes aux noces de Pirithoüs. Des fragments plus considérables encore ont été découverts : onze têtes, vingt-neuf grands fragments, et l'on a pu reconstituer, au moins, en partie, dix-sept figures. Apollon, bien que Pausanias l'oublie dans sa description, paraît avoir occupé le centre du fronton et présidé à l'héroïque mêlée. On a retrouvé le torse et la tête. Les cheveux, partagés en boucles symétriques, portent la trace d'un diadème, qui, sans doute fut de bronze; la colère anime le visage. La chlamyde se replie sur l'épaule gauche; le corps est jeune, svelte en même temps que fort. Sur le dos on remarque des traces de scellement, et il en est ainsi dans plusieurs autres statues; on aurait craint de laisser tous ces grands marbres peser de tout leur poids sur la seule corniche du fronton.

En un groupe magnifique, un centaure, le visage enflammé d'ivresse et de lubricité, saisit une femme Lapithe. Il l'étreint, ses jambes de cheval l'enserrent ; elle se défend cependant, elle a pris le monstre par la barbe, elle tire furieuse et s'efforce d'écarter loin d'elle cette bouche avide de baisers.

Il faut citer encore deux mains unies, la poitrine d'un Lapithe avec la partie supérieure de son épaule gauche.

Puis nous signalerons une fort belle métope, digne pendant de celles dont notre Louvre garde les fragments. Elle faisait partie de la même série et raconte elle aussi l'un des travaux d'Hercule. Le dieu est debout, vu de profil, sur un coussin que ses bras soutiennent, il porte le monde ; et d'une main qui gracieusement se lève, une Atlandide l'aide en ce rude labeur.

Cette figure, noble et grave, s'enveloppe de draperies austères, symétriques et qui rappellent un peu, mais avec plus d'élégance, celles des danseuses de bronze qui menaient leur ronde solennelle au théâtre d'Herculanum. Atlas enfin est debout devant le dieu et lui présente les pommes promises à sa valeur.

Nous savons que les monuments votifs étaient très-nombreux à Olympie ; quelques-uns, en débris reconnaissables, nous sont maintenant rendus. Au faîte du fronton Est planait une victoire qu'avaient consacrée les Messéniens vainqueurs dans l'île de Sphactérie des troupes Athéniennes ; Pœonios l'avait sculptée. Elle reposait sur une base triangulaire. La victoire est sortie de terre, et la base qui la portait, et l'inscription qui immortalise le nom du maître. La déesse s'envole, il n'est que son pied droit qui touche encore le tronc d'un arbre et s'y appuie comme pour précipiter un élan plus hardi. Les draperies flottent, légères, harmonieuses et trahissent librement les contours du jeune corps qu'elles recouvrent. Les seins sont hauts et fermes, le ventre est un peu fort et c'est une héroïque ardeur qui agite la vierge prête à dévorer l'espace.

Ici encore, comme dans tous les marbres que nous livrent les fouilles, le ciseau révèle des audaces qui ne reculent devant aucune réalité, même un peu vulgaire, pour accentuer plus fortement l'expression de la vie. Quel art puissant et sûr de lui-même s'affirme là! Car il n'y a que les forts et les grands qui savent, sans trahir le vrai, l'emporter comme en une sublime apothéose et faire entrevoir, à travers l'homme, la gloire d'un héros et le rayonnement d'un dieu.

Ainsi qu'il était aisé de le prévoir, la pioche a ramené au jour beaucoup plus de marbres que de bronzes. Le marbre est une pauvre proie pour les barbares pillards, ils ne peuvent que le briser : les métaux au contraire, le bronze même, aisément utilisables pour les besoins les plus vulgaires, tentent toujours la cupidité. Ainsi ont disparu ces statues de vainqueurs que Pausanias porte au nombre de trois mille, ainsi ont été partout enlevés les petits détails de bronze, diadèmes, bandeaux, sandales, sceptres que portaient souvent les figures de marbre.

On possède cependant une tête d'homme en bronze, avec une barbe courte mais épaisse et des cheveux aux longues boucles.

Enfin on annonce la découverte du monument votif que Philippe de Macédoine éleva en commémoration de sa victoire de Chéronée et des restes d'aqueduc avec des conduites semi-circulaires en pierre de Porus.

D'après la convention intervenue entre le gouvernement Grec et le gouvernemt Allemand, les objets exhumés dans les fouilles d'Olympie, restent la propriété de la Grèce, mais l'Allemagne, à qui seule incombent tous les frais, se réserve le droit exlusif de les reproduire et de les mouler durant quelques années.

Olympie, métope du temple de Jupiter.

Port d'Alexandrie.

V

LE PHARE D'ALEXANDRIE

La ville d'Alexandrie, Alexandre et Méhémet-Ali.

Dans la soirée du 16 décembre 1874, le *Mœris* arrivait en vue d'Alexandrie. Le *Mœris*, voilà un nom qui déjà nous rappelait les souvenirs vénérables de la terre des Pharaons. Par malheur, il était trop tard pour qu'on nous permît l'entrée du port.

La passe est difficile ; les bas-fonds perfides, les rochers sous-marins dont parle Pline n'ont pas disparu, et les paquebots pourraient tomber dans les piéges où parfois périssaient les galères de César et d'Antoine.

Force nous fut de rester au large, durant toute la nuit; seule l'étoile scintillante du phare nous annonçait Alexandrie et l'Égypte.

Dès l'aube, un pilote vient à bord. Le *Mœris* s'ébranle et s'achemine lentement vers le port. Des bouées, de longues perches marquent et limitent la passe.

Le premier aspect que présente l'Egypte, n'a ni grandeur ni originalité pittoresques. La côte est basse et aride, la ville étalée uniformément n'accuse aucun ensemble imposant, aucune curieuse saillie, aucune silhouette harmonieuse; le regard erre sur cette interminable platitude, sans trouver rien qui l'attire et le retienne. Nous laissons derrière nous une longue digue encore inachevée; la mer, comme irritée de l'usurpation nouvelle que l'on prépare, lui jette son écume et bat furieusement les blocs encore mal assujettis.

Les objets se précisent cependant, sans devenir plus séduisants. A notre gauche, l'île de Pharos s'avance, entassant les bâtisses disgracieuses d'un arsenal et d'un palais vice-royal. Un isthme de construction antique et dit autrefois *heptastade*, car il avait sept stades de longueur, relie au continent cette île devenue ainsi une presqu'île. Cet isthme, où deux passages étaient ménagés, séparait le grand port, aujourd'hui délaissé, du port d'Eunoste, le seul qui reste en usage. Les soldats de César et les Alexandrins s'y livrèrent à plusieurs reprises de furieux combats.

Pharos portait, sur un rocher qui termine son extrémité orientale, le phare, illustre entre tous, le plus considérable que les anciens eussent élevé et le plus somptueux qui fût jamais. Ce phare avait eu pour architecte Sostrate de Cnide; il coûta huit cents talents, c'est-à-dire trois millions neuf cent trente-six mille francs. Construit entièrement en marbre, il était partagé en trois étages. Carré à sa base, il devenait octogone, puis rond; il ceignait une galerie qui permettait d'en faire le tour. Le curieux que les degrés de marbre avaient conduit jusque-là, pouvait embrasser d'un regard Alexandrie tout entière, ses riches campagnes, le Delta sillonné de canaux, le Nil traînant au loin ses eaux fauves et la mer que le limon souille sur un espace immense. Le feu rayonnait à une hauteur de plus de cent dix mètres au-dessus du rivage ; on pouvait l'apercevoir à une distance de quarante kilomètres.

A l'appui de cette description sommaire, nous citons quelques textes empruntés aux auteurs anciens et du moyen âge.

« Cette même extrémité (orientale) de l'île, dit
« Strabon, est formée par un rocher entouré d'eau
« de toutes parts, surmonté d'une tour à plusieurs
« étages, admirablement construite en marbre
« blanc, qui porte le même nom que l'île. Elle fut
« élevée par Sostrate de Cnide, favori des rois, pour

« le salut des navigateurs comme le porte l'inscrip-
« tion. En effet, sur un rivage qui, de chaque côté
« d'Alexandrie, est bas, dénué de ports, garni d'é-
« cueils et de bas-fonds, il était nécessaire de placer
« un signal élevé et très-remarquable, afin que les
« navigateurs, arrivant de la haute mer, ne pussent
« manquer l'entrée du port... La bouche occiden-
« tale n'est pas non plus d'un abord facile; elle
« n'exige cependant pas autant de précaution. Elle
« donne entrée à un autre port, appelé Eunoste,
« en dedans duquel est un port creusé de main
« d'homme et fermé; celui dont l'ouverture est
« masquée par la tour du phare, est le grand port;
« les deux autres lui sont contigus à leur extrémité
« et n'en sont séparés que par la chaussée nommée
« Heptastade. »

« L'entrée du port, lisons-nous dans les Com-
« mentaires de César, est si étroite qu'un vaisseau
« n'y peut aborder malgré ceux qui sont maîtres du
« phare. César qui craignait que l'ennemi ne s'en
« emparât, le prévint pendant qu'il était occupé
« ailleurs, y débarqua ses troupes, s'en saisit et y
« mit garnison. Par là il fut en état de recevoir sû-
« rement par mer des vivres et des secours; aussi
« envoya-t-il dans toutes les contrées du voisinage
« pour s'en procurer. »

Flavius Josèphe, dans son histoire de la guerre
des Juifs et des Romains, parlant d'une tour dite
de Phazael élevée à Jérusalem, nous dit : « Sa
« forme ressemblait à celle du phare d'Alexandrie

« où un feu toujours allumé sert de fanal aux ma-
« riniers pour les empêcher de donner à travers
« les rochers qui pourraient leur faire faire nau-
« frage ; mais celle-ci était plus spacieuse que
« l'autre. »

« L'entrée du port d'Alexandrie, dit-il dans un
« passage précédent, est très-difficile pour les vais-
« seaux, même durant le calme, parce que l'em-
« bouchure en est très-étroite, et que des rochers
« cachés sous la mer les contraignent de se dé-
« tourner de leur droite route. Du côté gauche, une
« forte digue est comme un bras qui embrasse le
« port : et il est embrassé du côté droit par l'île
« de Pharos, dans laquelle on a bâti une très-grande
« tour, où un feu, toujours allumé et dont la clarté
« s'étend jusqu'à trois cents stades, fait connaître
« aux mariniers la route qu'ils doivent suivre. »

Masoudi, écrivain arabe du quatrième siècle de
l'Hégire, que cite Makrisi, écrivain arabe plus moderne, parle ainsi du phare : « Entre le phare et la
« ville d'Alexandrie, à présent, il y a un mille en-
« viron ; le phare est sur l'extrémité d'une langue
« de terre entourée d'eau de tous côtés et construit
« sur la bouche du port d'Alexandrie ; mais non
« pas le vieux port où les bateaux n'abordent pas
« à cause de son éloignement des habitations…
« La hauteur du phare actuellement est à peu près
« de deux cent trente coudées. Anciennement, elle
« était d'environ quatre cents coudées ; le temps,
« les tremblements de terre et les pluies l'ont dété-

« rioré... Sa construction a trois formes ; il est
« carré jusqu'à un peu moins que la moitié et un
« peu plus que le tiers ; là, la construction est en
« pierre blanche ; ce qui fait cent dix coudées à
« peu près. Ensuite, la figure en devient octogone
« et il est alors construit de pierre et de plâtre
« (restauration relativement moderne, sans doute)
« dans l'étendue de soixante et quelques coudées.

« Un balcon l'entoure, qui permet de se promener
« tout alentour. Enfin, la partie supérieure en est
« ronde... Un écrivain dit avoir mesuré le phare
« et avoir trouvé deux cent trente-trois coudées.
« Il est de trois étages. Le premier étage est un
« carré haut de cent vingt et une coudées et demie ;
« le second est octogone, de quatre-vingt et une
« coudées et demie ; le troisième étage est rond ;
« il a trente et une coudées et demie. Ebn-Joubère
« assure, dans son mémoire de voyage, que le
« phare d'Alexandrie paraît à plus de soixante-dix
« milles, que lui-même a mesuré un des quatre
« côtés de l'édifice, en 578 de l'hégire (1200 de
« l'ère chrétienne), et qu'il l'a trouvé de plus de
« cinquante coudées, que la hauteur dépassait en-
« fin cent cinquante brasses. »

Enfin, un autre Arabe, Ibn-Batouta, qui naquit à Tanger en 1302 et voyagea durant vingt-quatre ans en Russie, Asie-Mineure, Syrie, Espagne, Soudan et même en Égypte, parle aussi du phare d'Alexandrie.

« Dans ce voyage, je visitai le phare et je trouvai
« une de ses faces en ruine. C'est un édifice carré

« qui s'élance dans les airs. Sa porte est élevée au-
« dessus du sol et vis-à-vis est un édifice de pa-
« reille hauteur qui sert à supporter des planches
« sur lesquelles on passe pour arriver à la porte du
« phare. Lorsqu'on enlève ces planches, il n'y a
« plus moyen de parvenir à la porte du phare. En
« dedans de l'entrée, est un emplacement où se
« tient le gardien de l'édifice. A l'intérieur du phare
« se trouvent beaucoup d'appartements. La largeur
« du passage qui conduit dans l'intérieur est de
« neuf empans, et l'épaisseur du mur d'enceinte de
« dix empans. Le phare a quarante empans sur cha-
« cune de ses quatre faces. Il est situé sur une
« haute colline à une pararange de la ville et dans
« une langue de terre que la mer entoure de tous
« côtés, de sorte qu'elle vient baigner le mur de la
« ville. »

Une médaille antique, à l'effigie de Sabine, femme de l'empereur Hadrien, porte sur son revers une représentation du phare d'Alexandrie, mais sommaire, inexacte et contraire à toute vraisemblance.

Tout a disparu du phare antique jusqu'au dernier bloc.

Le phare moderne ne marque même pas l'emplacement de son glorieux ancêtre; il occupe non l'extrémité orientale, mais l'extrémité occidentale de Pharos. C'est une création de Méhémet-Ali, intelligente sans doute, très-heureuse, mais cette tour de soixante-cinq mètres n'a d'autre mérite que son utilité. Au seuil même de l'Égypte, ce qui fut fait honte à ce qui est. Et jamais de revanche; au pays du Nil, le passé partout écrase le présent, si ce n'est pas de ses magnificences, c'est, et cela suffit, de ses souvenirs.

Le *Mœris* a jeté l'ancre. Tout alentour de nous, sont mouillés de grands paquebots; leurs cheminées noires jettent au ciel bleu la souillure de leur fumée. Près de Pharos, quelques vaisseaux de guerre alignent à leurs flancs sombres les gueules des canons. Les navires à voile, bricks, trois-mâts robustes, goëlettes mignonnes, lourdes felouques, caïques légers, rapprochés, serrés bord à bord, nous dérobent la ville ; les vergues s'entrelacent, forêt flottante dont les cordages sont les lianes.

Deux hommes, deux princes, qui pensaient grandement et qui voulaient fortement, ont fait Alexandrie : Alexandre et Méhémet-Ali, le second, après plus de vingt siècles d'intervalle, reprenant l'œuvre du premier.

Ce qu'a réalisé Méhémet-Ali, Bonaparte avait médité de l'entreprendre, et sans doute il aurait plu à son orgueil de conquérant d'associer son nom à celui d'Alexandre. Mais pour notre César Français, l'Égypte n'était qu'une étape, il nourrissait trop de rêves pour que ses victoires éphémères pussent produire autre chose qu'un fracas retentissant.

Ce qu'était Alexandrie antique, Strabon, César, Josèphe nous le disent, à défaut des ruines presque complètement disparues. Dinocharès en avait dressé le plan ; il donna à la ville une étendue de quinze

Le Phare d'Alexandrie.

mille pas et la forme circulaire d'une chlamyde macédonienne. Aux jours les plus florissants, la population atteignit environ cinq cent mille âmes. Ce même Dinocharès, nous dit le crédule Pline, avait entrepris de faire, en pierre d'aimant, le plafond d'un temple consacré à une certaine Arsinoé, sœur du Ptolémée régnant. La statue de la princesse divinisée aurait été faite en fer, et l'aimant l'attirant et la retenant, elle aurait plané en l'air, au-dessus de la tête de ses adorateurs. La mort de l'architecte et du roi arrêta les travaux, et ce rêve extravagant resta un rêve.

Alexandrie, œuvre d'une volonté unique, création subitement improvisée, présentait une parfaite symétrie, une régularité savamment raisonnée, au contraire des villes qu'a formées le labeur patient des siècles. Des fouilles, des sondages ont permis de reconstituer le plan primitif.

Les rues, régulièrement alignées et se coupant à angle droit, formaient comme un gigantesque damier. Il y avait des boulevards plantés d'arbres, des places carrées, des colonnades, des portiques. Ne croyons pas cependant qu'Alexandrie fut une cité solennellement insipide, selon l'idéal de certains ingénieurs; l'ingénieur d'Alexandrie était Grec, il ne pouvait l'oublier et la ville, créée par lui, associait, à ces magnificences un peu uniformes, quelque chose des grâces aimables où se complaisait le génie de la Grèce. Au reste, thermes, temples, palais s'élevaient côte à côte, car Alexandrie n'eut pas d'enlance ; à peine née, détrônant Thèbes qui avait détrôné Memphis, elle usurpa le premier rang. Les Ptolémées n'eurent pas d'autre capitale. Dynastie grecque adoptée par l'Égypte et personnifiant l'alliance des deux pays, ils vivaient sur la terre que la conquête leur avait livrée, mais aussi près que possible de leur première patrie.

Alexandrie réunissait et résumait deux mondes. Les proconsuls Romains y maintinrent le siège du gouvernement.

Puis vint le temps des invasions et de leurs dévastations terribles ; l'immense cité ne fut plus qu'une bourgade de sept à huit mille habitants. Damiette et Rosette tirèrent profit de cette misère et de cet abaissement ; c'est à elles qu'alla un peu de la vie qui abandonnait leur illustre rivale. Au moyen âge, Damiette et Rosette avaient plus d'importance qu'Alexandrie. Aujourd'hui, Alexandrie se relève avec une rapidité singulière, et Damiette et Rosette déclinent avec la même rapidité.

Alexandrie, avons-nous dit, sortit de terre tout d'un élan, lorsqu'eut parlé Alexandre, sa renaissance fut aussi presque subite, et tout d'un bond, Alexandrie renaît grande cité. Mais il n'est plus de Dinocharès pour en dresser les plans et l'on ne saurait trouver, dans tout l'empire ottoman, une ville moins pittoresque. Alexandrie dépouille les guenilles dont le moyen âge avait déshonoré ses ruines. On découvre encore à grand'peine quelques masures curieuses, quelques minarets égarés et comme honteux de la déroute de l'Islam; mais bientôt il ne restera, conservant quelque physionomie orientale, que le sable de la plage et l'azur rayonnant du ciel. L'Occident triomphe de l'Orient, non sans fracas et sans orgueil.

La place dite des Consuls est le forum d'Alexandrie. Plusieurs consulats, dont celui de France, sont groupés alentour. Les maisons, docilement alignées et d'apparence tout européenne, dessinent un vaste parallélogramme. Des accacias aux gousses énormes et que nous trouvons, en plein mois de décembre, couverts d'un feuillage luxuriant, sont là plantés avec une parfaite régularité; ils forment un cadre vert où chevauche, turban en tête, sabre au côté, un gigantesque Méhémet-Ali de bronze. Il est juché sur un haut piédestal et affecte, non sans bonheur, les airs superbes d'un conquérant. A droite, à gauche, deux kiosques de bois, bariolés de couleurs criardes, abritent les orchestres militaires contre les pluies qui ne tombent jamais. La musique de quelque régiment joue là, attirant, comme dans nos villes de provinces, ceux et celles qui veulent voir et se faire voir.

La moitié de la population d'Alexandrie est formée d'un assemblage cosmopolite où les Grecs tiennent, par le nombre, le premier rang, les Français et les Italiens, à peu près égaux, le second et le troisième. Au reste, la confusion des langues accuse la confusion des races; trois langues se disputent les enseignes, le Français, le Grec et l'Italien;

l'Arabe n'apparaît que par exception, il semble n'être que toléré. Les rues développent d'interminables perspectives; leurs hautes maisons, coupées de grands balcons, rappellent assez bien les maisons de Naples.

La population est généralement aussi peu intéressante que ses maisons. Mais Alexandrie, comme le Caire, a ses ânes qui partout attendent le promeneur. Qui n'a pas vu l'âne d'Égypte ne connaît pas l'âne. L'âne d'Égypte est une petite bête mignonne, éveillée, docile; il est à ces malheureux et tristes roussins de nos pays ce qu'un généreux coursier de bataille est à la famélique Rossinante de nos fiacres. L'âne ne vit bien que dans un pays un peu chaud : le climat de l'Égypte lui est particulièrement favorable.

Chez nous il dépérit; plus au nord, il ne peut vivre qu'avec des soins tout particuliers, il est aussi difficile de conserver un âne à Moscou qu'une girafe à Paris. Ayons donc quelque indulgence pour la disgracieuse apparence de nos baudets et ceur caractère difficile ; ils sont dépaysés, ils souffrent, c'est leur excuse.

L'âne d'Égypte, à la bonne heure! il a la jambe fine et solide, le poil gris clair, la tête bien construite et d'un joli dessin, l'œil vif; ses longues oreilles se dressent fièrement et mobiles dès que vous parlez, elles s'agitent comme d'un frémissement intelligent. La charmante bête ! Comme elle trotte ! Elle vous portera, elle vous conduira mieux que bien des *ciceroni*, et toujours sûrement, mollement, rapidement. Indiquez-lui la direction que vous voulez prendre, elle devinera aussitôt si vous voulez voir la colonne de Pompée ou les obélisques de Cléopâtre. La foule est compacte, partout fourmillante, n'ayez nulle peur, vous ne heurterez ni rien, ni personne, vous passerez partout, puis un braiement joyeux vous annoncera que vous êtes arrivé.

Le harnachement est pittoresque et digne de la bête qui le porte : la selle est rouge, parfois relevée de broderies bleuâtres, et rouges aussi les rênes. Enfin l'ânier, pieds nus, jambes nues, toujours courant, criant, frappant, complète à merveille l'âne.

L'âne est la monture vraiment nationale de l'Égypte, et cela sans doute depuis la plus haute antiquité ; nous verrons, par le témoignage des monuments pharaoniques, que l'âne fut connu et employé bien antérieurement au cheval. Aujourd'hui encore, en dehors d'Alexandrie et du Caire, où l'élément Européen est très-nombreux, le cheval est fort rare. Certains ânes d'Arabie coûtent jusqu'à mille francs, et souvent les personnages les plus riches n'ont pas d'autre monture.

Peu séduits par les squares poudreux, les places bruyantes et toutes ces splendeurs banales du présent, nous nous empressons à chercher dans la ville moderne, quelques vestiges de la ville qu'elle remplace. Deux monolithes sont restés debout, glorieux survivants ; ils dominent de haut l'Alexandrie moderne, et font planer au-dessus d'elle, le souvenir de l'antique Alexandrie. Ce sont l'obélisque, dit Aiguille de Cléopâtre et la Colonne dite de Pompée.

L'obélisque se dresse à l'extrémité orientale de la ville, sur le bord de la mer. Quelques bastions qu'une herbe maigre s'efforce en vain de tapisser, des masures croulantes, un chantier de pierre, des débris de toutes sortes, des haillons, voilà le cadre. Le granit rose s'entaille malaisément sous les morsures de l'acier; ici il a subi des morsures qui semblaient moins redoutables, mais qui, les siècles aidant, ont fait plus rude besogne; rongé des vents salins, le bloc a perdu ses hiéroglyphes sur deux de ses faces. Cet obélisque avait un frère qui lui tenait compagnie; nous ne pûmes le voir, car on l'avait recouvert de terre pour le protéger de tout nouvel outrage. Il était tombé, nous dit Touvet qui voit dans ce fait un prodige, et s'était rompu en deux morceaux le jour même de l'entrée des Turcs à Rhodes. Les Anglais viennent cependant de l'emporter, et le voilà condamné à la souillure des brouillards de Londres.

Ces beaux blocs décoraient les abords d'un édifice dit le *Cæsareum* qui fut construit par les ordres de Cléopâtre, de là leur nom vulgaire. Mais ils peuvent s'enorgueillir d'une bien plus lointaine origine; Tothmès III, dont ils gardent le cartouche, les avait dressés à Héliopolis, quinze siècles auparavant.

Pour des yeux qui n'ont connu longtemps que l'Europe décolorée, tout est surprise et joie aux pays d'Orient. Le plus petit incident amuse, un rien séduit, car la lumière enveloppe les choses les plus misérables d'une magnificence inattendue.

Nous tournons le dos à l'obélisque, et voilà que débouche une file de chameaux. Ils cheminent lentement, gravement, balançant en une régulière cadence, leurs ballots et l'homme qui s'y tient accroupi. Comme fond à ce tableau tout à coup improvisé, ce sont des baraques de planches vermoulues, des arbres gris de poussière, un rempart blanc, un ciel fait d'azur et d'or, puis jetant dans ces clartés, de sombres taches, des femmes qui passent drapées dans leur robe bleuâtre.

Nous sortons de la ville par une porte voisine de l'obélisque. La ville d'Alexandrie conserve une ceinture de bastions; mais toujours plus peuplée, toujours grandissante, elle s'acharne, dirait-on, à la rompre et déjà, sur plus d'un point, elle l'a fait éclater. Les boulevards font brèche et des quartiers nouveaux, tout pimpants, tout joyeux, vont germer sur les ruines des escarpes renversées, des fossés comblés, des glacis disparus. Envolés de quelque geôle farouche, des captifs ne feraient pas plus brillant étalage de leur liberté reconquise.

Nous franchissons une voie ferrée et descendons jusqu'à la mer. Le sol est partout semé de poteries en pièces ; débris, ruines confuses encombrent le rivage. Briques, pierres, marbres, granits ont souvent croulé en gros blocs, sans échapper au mortier qui les soude. On reconnaît deux petites salles voûtées. Les colonnes qui les partagent en deux nefs, enchâssent, disposition bizarre, un tambour cubique entre deux tambours arrondis. Le mode de construction, les matériaux employés, les moulures des chapiteaux, la présence du mortier et de la brique cuite (les anciens Égyptiens n'employaient guère que la brique crue), tout annonce un travail Romain. Le populaire, toujours empressé à donner aux plus humbles vestiges des noms retentissants et surtout à associer les souvenirs du passé aux choses encore présentes, appelle ces ruines bains de Cléopâtre. Cléopâtre certainement ne les a jamais connues ; et il est fort douteux qu'on y doive reconnaître des bains. Au reste, la mer réserve à ces incertitudes une conclusion radicale. L'homme avait envahi son domaine, elle le ressaisit. Cintres interrompus, murailles incomplètes se dressent en falaise, elles les ébrèche furieusement. Déjà aux chapiteaux qui ont roulé sur la grève, la guirlande verte des algues remplace les acanthes effacées ; les grands dallages apparaissent visibles encore mais inondés. Un fût de granit est là gisant, le flot le heurte, l'enveloppe, comme s'il avait mission de l'emporter.

Des bains de Cléopâtre pour gagner la colonne de Pompée, le second monument d'Alexandrie vraiment digne de ce nom, il faut rentrer en ville et la traverser tout entière. Chemin faisant, nous trouvons, enchâssées à l'encoignure d'une maison moderne, quelques statuettes de basalte sans tête ni mains. Un colosse de porphyre apparaît plus loin, gravement assis sur son trône. On l'a rompu par le milieu, et sa poitrine décapitée gît à ses pieds. C'est là une œuvre de l'époque byzantine ; la lourdeur, la grossièreté du travail ne le prouvent que trop bien.

Un bruyant débat attire la foule. Une discussion violente s'est élevée entre un chameau et son chamelier. Le chamelier veut aller de l'avant, le chameau veut aller de l'arrière. Celui-ci tire le licou d'un côté, celui-là le tire d'un autre, celui-là crie, celui-ci grogne. L'homme veut rentrer en ville, la bête veut retourner aux champs qu'elle regrette. Les deux entêtements s'équilibrent longtemps: L'homme à la fin triomphe cependant, une grêle de coups venge son autorité méconnue.

Plus loin une large porte encadre des oignons amoncelés qui forment des pyramides jaunes. De la marchandise aux marchands accroupis alentour, la lumière promène ses reflets, répandant comme une poudre d'or. Sans cesse passent trottinant les petits ânes suivis de leur ânier.

Nous voici bientôt et sans être sortis de l'enceinte, au milieu de riches cultures. D'innombrables palmiers y jaillissent, couronnés de leur panache vert. Des irrigations, ingénieusement combinées, entretiennent partout la fraîcheur et la fécondité. L'air est plein du grincement interminable des

14

norias; de jeunes mulets sont condamnés au labeur éternel d'en tourner les roues. Les légumes verdoient, encadrés de petits fossés que tour à tour on inonde. Les figuiers renversent leur ramure sur la margelle ruisselante des puits.

Parfois un homme enlace le fût svelte d'un palmier; il grimpe, le voilà qui se suspend à la cime que ses pieds font vaciller, puis il saisit les grappes pendantes et cueille à pleines mains les dattes noires ou rouges.

Après les murailles blanches, les rivages arides, combien ces vergers opulents reposent les yeux! Mais la ville grandit et les attaque de toutes parts; elle lance ses rues à travers les futaies, les arbres tombent sous la hache et les troncs décapités vont rouler dans la poussière.

Au bord d'un petit sentier d'aspect encore tout champêtre, un édifice, de l'époque Romaine, a laissé debout deux colonnes doriques et quelques vagues substructions. Près de là apparaît la colonne de Pompée.

On sait que Pompée ne vint en Égypte que pour s'y faire couper la tête. Lorsque la postérité, obsédée de ce souvenir sanglant, donna le nom de cette illustre victime, au plus beau des monuments d'Alexandrie, elle faisait peut-être un acte de légitime expiation, mais en même temps un contresens archéologique de la plus flagrante invraisemblance. La fameuse colonne fut en réalité érigée par le préfet d'Egypte, Publius sous l'empereur

Dioclétien et en son honneur. Elle mesure trente-deux mètres de hauteur totale, et le fût seul, monolithe de granit rose, vingt-deux mètres.

Cette colonne ne paraît pas avoir été primitivement isolée comme nous la voyons aujourd'hui ; elle décorait probablement une des cours de Sérapéum. Ce temple le plus riche et le plus vénéré d'Alexandrie attirait encore un nombreux concours de fidèles, au temps même de l'empereur Théodose, après le triomphe officiel du Christianisme. On sait que les cultes païens restèrent très-longtemps en grande faveur auprès d'une partie considérable de la population Égyptienne ; Philæ avait encore des colléges de prêtres sous l'empereur Marcien, c'est-à-dire vers 450. Aussi le même Théodose promulgua-t-il un édit qui ordonnait la destruction de tous les temples et sanctuaires païens de l'Égypte ; cet édit, par bonheur, ne fut que très-incomplétement exécuté ; mais à Alexandrie, vint un peu plus tard un homme qui ne pouvait manquer une aussi belle occasion de signaler ses haines et surtout de remplir ses coffres.

Nous voulons parler du patriarche Théophile, l'adversaire furieux de saint Jean Chrysostome qui lui dut ses persécutions, son bannissement de Constantinople et sa mort. Théophile souleva la populace, et ce n'était que trop facile dans une ville partagée entre plusieurs cultes ennemis. Les dévots de Sérapis voulurent défendre leur temple, mais vainement, on en massacra quelques-uns, et tout fut pillé, dévasté, mis en pièces. Le triste héros de cette victoire ne manqua pas de se faire large part dans le butin.

Le Sérapéum était, au dire des anciens, après le Capitole, un des plus magnifiques temples du monde. Entièrement construit de marbre, il présentait, à l'intérieur, trois revêtements de métal, le premier de cuivre, le second d'argent, le troisième d'or.

De tant de splendeurs le souvenir seul est resté, car si la colonne de Pompée s'est encadrée dans quelque cour du Sérapéum, elle est l'œuvre d'un autre âge et d'un autre peuple; le Sérapéum existait bien antérieurement à Dioclétien. Ibn-Batouta, le voyageur arabe que déjà nous avons cité, prétend que de son temps, l'escalade de la colonne de Pompée fut entreprise et heureusement accomplie. Une flèche à laquelle une corde était fixée, fut lancée par dessus le chapiteau et la corde, glissant sur le granit, alla pendre de l'autre côté. Au moyen de cette corde, très-légère sans doute, on éleva un câble beaucoup plus fort et un homme s'y accrochant, se hissa jusqu'au faîte.

La colonne de Pompée occupe le sommet d'un plateau poudreux et rocailleux. Une haute base carrée porte le fût qui, à son tour, porte un chapiteau dont le ciseau a un peu brutalement sculpté les acanthes corinthiennes. Rien de plus simple, mais par sa masse même, ce monument est imposant et son isolement le grandit encore. Près de là sont gisantes des statues de basalte noir, brisées, couchées le nez dans la poussière ; elles encadrent de leurs ruines, le colosse qui leur survit. Parfois une fillette les escalade, souple, légère, espiègle et farouche comme une chèvre, elle enjambe leurs jambes énormes, elle accroche ses petits pieds nus à leurs cartouches royaux, et triomphante, se fait un piédestal de leur haute tiare.

Plus loin s'étale un vaste cimetière, car Alexandrie nouvelle s'écarte, comme avec un respect religieux, de cette terre qui si longtemps fut sainte. Aucune enceinte, aucune barrière n'enferme ce cimetière ; les tombes pressées côte à côte, toutes blanches, semblent des blocs de marbre abandonnés sur un vaste chantier. Souvent une pierre dressée, stèle funèbre, porte le nom du mort ; à ses pieds, dans un petit cercle de maçonnerie, végète un aloès maigre, triste plante, sainte cependant et qui préserve du mauvais œil, la seule du reste qui consente à vivre dans ce sol aride et fait de cendres humaines. Tout cela rayonne furieusement et, sur le sable jaune, s'enlèvent brutalement les guenilles brunes de quelques femmes qui prient. Plus loin la ville se déploie, ce sont des minarets, des toits, des terrasses, des palmiers, des acacias tout verts.

Le plateau où trône la colonne de Pompée, recouvre de grandes catacombes. Plusieurs puits taillés à pic, y donnent accès, accès malaisé, dangereux, car il faut, pour entreprendre cette descente aventureuse, avoir, comme les Arabes, des jambes qui ne plient jamais et des pieds qui jamais ne glissent. Aussi, peu soucieux d'essayer une gymnastique téméraire, nous allons, un peu plus loin, chercher une entrée plus commode. Au reste, la promenade, dans cette ville souterraine, est bientôt interrompue ; les plafonds se sont écroulés en plusieurs endroits et les décombres obstruent les galeries. Trois salles d'une disposition régulière, et d'une assez grande hauteur sont taillées dans le tuf. Elles superposent, à leurs parois, plusieurs rangs d'entailles profondes qui sans doute ont enfermé des restes humains.

Un canal relie Alexandrie au Nil et par le Nil au Caire. Créé par les anciens, il fut rétabli par Méhémet-Ali. Alexandrie ne pourrait exister sans lui, car seul il apporte, sur cette plage sablonneuse, l'eau douce et avec elle la verdure, la fécondité, la vie.

Les bords de ce canal sont la promenade favorite des Alexandrins. Saules, acacias, sycomores, entrelaçant leur ramure puissante, y forment une voûte de feuillage ininterrompue. Les jardins échelonnés, comme autant d'oasis charmantes, étalent une splendide végétation. Là les conifères, venus d'Amérique, dressent leur pyramide gracieusement symétrique, les orangers forment des bosquets, les bananiers lancent leurs feuilles immenses et parfois fléchissent au poids de leurs grappes de fruits, puis les cactus se blottissent au pied de quelques rochers et les lianes, suspendues en guirlandes, jettent d'un arbre à l'autre, des passerelles de fleurs. Ce sont des grilles peu jalouses qui enferment ces beaux jardins ou parfois des haies de roseaux géants. Le canal a des eaux limoneuses comme le Nil à qui il les emprunte; les canges, dépassant de leur longue vergue la cime des arbres les plus hauts, y naviguent lentement, tandis que la flottille des canards caquette et croise près du bord.

Tel est l'aspect que présente le canal aux abords d'Alexandrie ; mais là où il débouche dans la ville, l'aspect change complétement. Les canges sont plus nombreuses et semblent se livrer bataille pour trouver place au quai. Plus de vergers, plus de jardins; des magasins, des entrepôts; plus d'arbres, des mâts ; plus de cavaliers élégants, plus de riches équipages, une foule affairée et de bruyants portefaix. On ne flâne plus, on travaille. Les ballots énormes s'entassent en remparts; on les roule, on les pousse, on les lance lourdement, parfois la toile se déchire, et le coton s'échappe de ces blessures.

La gare d'Alexandrie se trouve un peu en dehors de la ville. Une voie, tout récemment ouverte, y donne un accès facile. Jalonnée de becs de gaz et de poteaux télégraphiques, elle se déploie, large, solennelle, triomphante ; mais ce triomphe a coûté cher. Que de ruines tout alentour! Il semble que le progrès se soit ici frayé passage à coups de canon. Le sol, tranché, creusé à une profondeur parfois considérable, forme de chaque côté des falaises poudreuses. Des maisonnettes de limon, tanières misérables y suspendent leurs murailles croulantes et leurs chambres béantes ; la lumière en pénètre librement les plus intimes mystères. Ce sont des quartiers, des villages entiers que la pioche a éventrés. Et cependant ces décombres sont encore habités : on y voit s'agiter des chiffons fangeux qui sont des femmes, des êtres grouillants dans l'ordure qui sont des enfants. Pauvres gens, ces débris suffisent à abriter leurs misères ; ils attendent pour partir que ces lambeaux de maisons leur tombent sur la tête.

Les vergers ont eu leur part dans le désastre. Bien des palmiers sont tombés pour faire place à la voie nouvelle et quelques-uns restent encore couchés en travers des trottoirs. Près de là apparaissent quelques colonnes antiques découvertes dans les fouilles. Les ruines des arbres et les ruines des palais sont confondues dans la poussière.

La gare d'Alexandrie est une baraque honteuse, sale de fumée, souillée de suie. Rien d'étonnant à cela. En Égypte, les monuments qui comptent quelques douzaines de siècles, sont robustes, puissants, beaux de leur immortalité ; les monuments, ou pour mieux dire, les bâtisses qui datent d'hier, sont toujours croulantes. Plus une chose est moderne et plus elle est vermoulue.

Le train du Caire nous emporte. La campagne est plate, nous courons sur un terrain d'alluvion que le limon du Nil a peu à peu formé. A notre droite, le lac Mariout (*Mareotis*) étale ses eaux fangeuses que de grands oiseaux effleurent de leurs ailes. Puis viennent d'opulentes cultures. Voilà bien la grasse Égypte dont les Hébreux regrettèrent si souvent les bons légumes et surtout les oignons succulents. La canne à sucre forme des carrés symétriques et ses roseaux sont hérissés de longues feuilles ; on dirait des phalanges en bataille. Le blé, germant à peine, couvre la terre comme d'un léger duvet.

Au corps de l'homme, les artères, les veines, partout circulant, partout entrelacées, portent partout le sang et la vie, ainsi, dans ce riche delta, les canaux d'irrigation courent, s'entrecroisent et fécondent le sol. Nous ne voyons pas encore le Nil, mais déjà il se révèle par ses bienfaits. Son eau arrose la terre que lui-même a faite de son limon, et ce limon battu, séché au soleil a fait les petits villages qui, s'échelonnent dans la campagne. Heureusement qu'il ne pleut pas en Égypte ; un orage passant, il ne resterait du plus beau village qu'un tas de boue.

Au reste, ces villages de la basse Égypte se ressemblent tous. Ils composent un décor pittoresque, mais peu varié. Ce sont toujours les mêmes huttes carrées et basses, les mêmes terrasses que défendent les chiens toujours grognant, les mêmes chameaux qui cheminent par les rues, dépassant les maisons de toute la hauteur de leur bosse, la même mosquée qu'un petit minaret annonce de loin, et les mêmes palmiers sveltes, gracieux, qui se groupent alentour.

Enfin, nous franchissons le Nil : une première fois, c'est le bras de Rosette, les eaux jaunâtres s'encadrent dans des rives assez plates : une seconde fois, c'est le bras de Damiette, celui-ci plus petit que le premier. Après cinq heures de marche environ, nous atteignons le Caire.

Colonne dite de Pompée (Alexandrie)

Pyramides se reflétant dans l'eau.

VI

LES PYRAMIDES

Memphis et le Sérapéum, Saqqarah, Dachour, Abousir, Giseh.

L'expédition que nous allons entreprendre, nous fera passer en revue, non pas seulement les illustres pyramides de Giseh, mais encore les pyramides de Dachour, celles de Saqqarah, celles d'Abousir ; nous parcourrons presque tout entière, la nécropole que la cité royale de Memphis avait répandue sur une longueur d'environ trente kilomètres.

Une voie ferrée suit la rive gauche du Nil et remonte jusqu'à Siout, capitale moderne de la haute Égypte. Nous n'avons garde de dédaigner ce moyen de transport peu pittoresque sans doute, mais fort commode. Un train nous emporte et avec nous, notre guide, nos montures, quatre ânes aussi aimables que vaillants, notre petit bagage et les vivres nécessaires à une campagne de deux jours. Nous n'allons pas nous éloigner beaucoup du Caire, et cependant il faut, avant le départ, nous munir de toutes choses ; nous ne trouverons plus que des palmiers, des ruines et du sable.

La voie ferrée passe à travers une campagne fort riche. Partout les blés verdoient et les palmiers forment d'interminables colonnades. Nous descendons à la station la plus voisine du village de Bédréchéin, et tandis que le train disparaît, suivi d'un long panache de fumée, nous enfourchons nos bêtes.

L'âne succédant sans transition à la locomotive, voilà un de ces contrastes comme l'Égypte en présente souvent.

Bédréchéin, est un des petits villages qui végètent sur l'emplacement de Memphis. « O fille habitante « de l'Égypte, préparez ce qui doit vous servir dans « votre captivité, s'écriait Jérémie, parce que Mem« phis sera réduite en un désert ; elle sera aban« donnée, elle deviendra inhabitable. »

Cette lugubre prophétie s'est à peu près vérifiée ; Memphis n'est pas inhabitable, mais Memphis est inhabitée. Le Caire, voisinage funeste, s'est construit de ses ruines.

Et cependant, il y a seulement huit cents ans, subsistaient des débris encore considérables. Abd-el-Latif, historien arabe, parle de grandes portes, des pylônes probablement, et de lions de proporions colossales qu'il vit debout.

La décadence de Memphis commença en des âges bien lointains. Capitale et résidence habituelle des quatrième, cinquième, septième et huitième dynasties, elle atteignit son plus haut degré de prospérité et de splendeur, entre 4400 et 3500 avant Jésus-Christ.

La onzième dynastie déplaça le centre de l'empire, et Thèbes usurpa le premier rang. Dès lors Memphis fut en Égypte ce que Moscou est en Russie, une reine découronnée. Toutefois, Memphis fit longtemps encore grande figure ; tant de gloire y avait passé, tant de souvenirs y restaient attachés. Puis le peuple Égyptien, entre tous, fidèle à ses dieux, trouvait là quelques-uns de ses sanctuaires les plus respectés. Les rois eux-mêmes, au milieu des magnificences de leur nouvelle capitale, n'oublièrent jamais la cité désertée par eux, ils ne cessèrent pas de l'honorer et de l'enrichir au moins de quelques offrandes. Les Ptolémées, à leur tour désireux de mettre leur jeune royauté sous la vénérable protection des traditions nationales, se plurent à embellir cet illustre berceau des grandeurs Égyptiennes. Memphis cependant vivait surtout de son passé. Au temps de Strabon, la ville subsistait, mais à demi dépeuplée. Elle paraît, en ses jours florissants, s'être étendue, sans doute avec ses faubourgs, sur une longueur de vingt kilomètres ; mais elle n'a jamais dû se développer beaucoup en largeur, le désert est là bien près, avec ses dunes, ses vallons rocailleux, et d'autres que des morts ne peuvent l'habiter.

La richesse des campagnes qui occupent l'emplacement de Memphis, est un obstacle au travail des fouilles, aussi les recherches ont-elles été toujours interrompues presque aussitôt qu'entreprises. Les fragments mis au jour sont peu nombreux. Nous apercevons, dans un trou, un Ramsès II, prince de la dix-neuvième dynastie, qui régnait environ quaorze cents ans avant notre ère.

C'était un terrible batailleur et les murailles de temples nombreux racontent encore pompeusement l'épopée de ses victoires. Le conquérant qui baigna ses mains dans le sang, a maintenant le nez dans la boue ; cela ne me déplairait pas, si l'homme ici n'était une statue. Dans la longue bataille des siècles, Ramsès a perdu ses jambes ; il mesure encore, après cette mutilation, onze mètres. Fait d'un seul bloc d'un fort beau calcaire blanc, le héros se tenait debout, le pied gauche en avant (les cuisses indiquent le mouvement) et les bras rapprochés du corps. La tête ceint une haute tiare. Les traits sont nobles, doux, empreints d'une auguste sérénité, et, par bonheur, ce beau visage n'a subi aucune injure. Il y a là une individualité précise qui fait présumer l'exactitude du portrait.

Un second colosse, beaucoup plus petit, celui-ci de granit rose, est étendu sur le dos; c'est une femme, probablement quelque déesse, mais le temps et l'humidité en ont altéré les contours. Enfin, auprès d'une maisonnette, nous surprenons, rangés en demi-cercle, une grotesque assemblée de manchots, d'estropiés, de culs-de-jatte ; pauvres infirmes! ils furent des rois ou des dieux, mais qui donc les a convoqués ainsi en une séance solennelle et sur quoi peuvent délibérer ces têtes ébréchées?

La campagne est admirable jusqu'à ses extrêmes limites. Le Nil, débordant chaque année, la féconde de son limon généreux; mais où s'arrête l'inondation, s'arrête aussi toute apparence de vie. Pas de transition, c'est le désert aussitôt. Ici les blés touffus, les dattiers géants, les légumes gras, les trèfles plantureux que broutent les chameaux, là rien que le sable et le rocher.

Un mouvement de terrain ne tarde pas à nous dérober la vue même des derniers champs. Les pyramides de Saqqarah apparaissent et d'autres encore; nous sommes au pays des morts.

Un vallon se creuse, nous y descendons et, non sans joie, nous découvrons une maison d'un aspect confortable. Cette maison porte un nom illustre, Mariette l'a fait construire. C'était là qu'il avait son quartier général au temps où il interrogeait, la pioche à la main, les mystères de cette solitude. Le maître du logis, avant notre départ du Caire, nous a obligeamment remis une lettre d'introduction, aussi les portes nous sont-elles aussitôt ouvertes. Nous sommes les hôtes de notre grand archéologue.

Une sépulture, composée de deux chambres carrées, s'ouvre à quelques pas de la maison ; un puits est béant près de l'entrée.

Entre les découvertes nombreuses que l'on doit à Mariette-Bey, la découverte du Sérapéum est la première en date, la plus considérable et peut-être la plus féconde en curieux enseignements. La pieuse Égypte nous a livré là une page de ses annales religieuses.

Rien d'apparent ne subsistait, et déjà Strabon avait dit : « Le temple de Sérapis est construit dans « un endroit tellement sablonneux que les vents y « amoncellent des amas de sable sous lequel nous « vîmes les sphinx enterrés, les uns à moitié, les « autres jusqu'à la tête. »

Quelques siècles plus tard, l'ensevelissement était complet. Quel prodige de divination il fallait pour retrouver des édifices dont tout vestige avait disparu ! Il est des chercheurs de ruines qui semblent flairer les traces du passé comme un bon chien de chasse flaire le gibier ; l'un et l'autre suivent une piste et le chien n'est pas toujours le plus acharné.

Aidé de subsides fournis par le gouvernement

Français, Mariette remua des montagnes de sable, il dut, sur certains points, porter ses fouilles jusqu'à une profondeur de plus de vingt mètres. Un à un, les sphinx reparurent, ils formaient une allée longue de plus de vingt kilomètres, l'Égypte aimait à peupler les abords de ses sanctuaires de ces gardiens solennels. Puis les pylônes furent exhumés à leur tour avec le carrefour, décoré de statues, qui les précédait, puis le temple enfin et la nécropole des Apis.

Merveilleuse résurrection, ces lieux sacrés apparaissaient, vides de leurs prêtres et de leurs fidèles, mais encore tout pleins de leurs souvenirs, car le sable, conservateur respectueux de toutes choses, avait épargné, à ce grand passé, les outrages des invasions, les pillages des profanateurs. La vieille Égypte, vaincue, détrônée, dépouillée de ses dieux, avait confié ses reliques au désert, et le désert, dépositaire fidèle, les restituait à la science. Cependant ce ne fut qu'un rêve, un éclair rapide dans la nuit, les objets les plus précieux emportés, les mystères pénétrés, la moisson des souvenirs et des confidences curieuses rassemblée, le désert s'est refermé; et le temple, les pylônes fastueux, les sphinx ont repris, pour jamais sans doute, leur linceul de poussière.

Seule aujourd'hui, la nécropole des Apis reste accessible; elle est entièrement souterraine et taillée dans le rocher. Le sable s'obstine à obstruer sa porte, mais par bonheur les fellahs de corvée s'obstinent à la déblayer. Le jour n'a jamais eu entrée en ces catacombes mystérieuses, et maintenant que les lampes sacrées sont éteintes, il y faut pénétrer la lanterne à la main.

La roche, un peu friable et grossière de grain, n'a pu recevoir de sculptures. On y remarque cependant de nombreuses entailles où s'enchâssaient les stèles que la piété des pèlerins consacrait; ces stèles, on pourrait dire ces ex-votos, ont été détachées et emportées au Louvre. Les galeries sont vastes, assez élevées, régulières, leurs plafonds se courbent un peu, comme pour simuler vaguement des cintres. Ces galeries décrivent une spirale; après plusieurs évolutions, elles nous ramènent au point de départ. Plus de trente caveaux les bordent; là sont déposés les sarcophages des Apis. Chaque caveau a le sien.

Ce sont des urnes formidables, longues de quatre à cinq mètres et taillées dans un seul bloc de granit rose. Les couvercles, massifs, inébranlables, dirait-on, ont cependant été un peu déplacés, les tombes ont toutes été visitées et dépouillées de leurs reliques.

Nous nous hissons et non sans peine, sur un des couvercles, et de là nous descendons dans le sarcophage. C'est une véritable chambre, haute de deux mètres environ; on y peut faire quatre ou cinq pas. On trouverait des humains plus étroitement logés que n'étaient ici, les momies des bœufs. Pas de sculptures, rien qui dissimule et qui égaie ces masses prodigieuses; à peine de loin en loin, et très-légèrement tracées, quelques lignes d'hiéroglyphes. Quel temple étrange et quelle sinistre promenade! Colossales, noires, les tombes, une à une, émergent des ténèbres et, le visiteur passé, les ténèbres aussitôt retombent sur elles, comme un funèbre rideau. Sous les voûtes aux perspectives incertaines, la voix se perd fuyante et prolongée sans fin; les murs ont des résonnances singulières, comme si les échos mal étouffés vibraient encore des hymnes religieuses.

Cette nécropole ne remonte pas à un âge extrêmement reculé. Entre les stèles et les inscriptions recueillies au nombre de plus de mille, les plus anciennes nous reportent à la dix-neuvième dynastie, c'est-à-dire au quinzième siècle avant l'ère vulgaire, les plus modernes sont de la dynastie des Ptolémées. C'est donc ici que, durant plus de mille ans, les bœufs, élevés à la dignité d'Apis, ont trouvé leur dernière demeure. Le veau qui briguait l'honneur d'être proclamé Apis, devait être noir et porter une tache blanche triangulaire sur le front; il était supposé l'incarnation vivante de Phtah, divinité particulièrement honorée à Memphis et que les Grecs avaient assimilée à Vulcain.

Les fouilles du Sérapéum ont été l'occasion d'une révélation curieuse; une des rares inscriptions que portent les sarcophages, contient le nom de Cambyse. Cambyse, le conquérant impie qui fit furieuse guerre aux armées de l'Égypte, ce qu'on aurait pu lui pardonner, et guerre non moins furieuse aux dieux de l'Égypte, ce qui était un crime inexpiable, Cambyse qui jetait des chats sur les remparts de Péluse et frappait, de son épée, le bœuf Apis lui-même, serait-il devenu dévot dans ses vieux jours?

A quelques pas du Sérapéum, se trouve la tombe de Ti, monument beaucoup plus ancien et qui appartient au premier empire, c'est-à-dire à une époque antérieure à notre ère de trois à quatre mille ans. L'importance de la sépulture nous donne le droit de conclure à l'importance de celui qui y fut déposé.

Toute la partie extérieure de la tombe a disparu, la partie souterraine, mieux protégée seule subsiste. Les chambres n'ont pas été taillées dans le rocher; là comme au Sérapéum, le rocher est grossier et impropre à la sculpture; elles ont été construites d'un calcaire très-fin et d'une belle couleur blanche.

Le vestibule est maintenant ouvert à tous les vents, le plafond a croulé, ébréchant les piliers carrés qui le soutenaient. Piliers incomplets, murailles lézardées gardent tout un monde de figurines ciselées d'une main légère. De là part un couloir étroit qui nous conduit dans une salle assez vaste. Partout des sculptures d'un faible relief, mais d'une extrême élégance. Elles sont relevées de couleurs peu variées, parfois conventionnelles et qui opposent, sans nuances intermédiaires, leurs tons nettement tranchés. Peu de divinités, peu d'allégories, pas de personnages emblématiques, de monstres bizarres où l'homme et la bête se confondent pour former un dieu ; point de Toth à tête d'ibis, d'Anubis à tête de chacal, rien de ce cortége fantastique dont la mort s'environne aux hypogées de Thèbes. Ici, le surnaturel semble inconnu, les rêves mystérieux dont s'épouvante la pensée, n'ont pas trouvé place. C'est la vie familière, toute réelle de ce monde dont les scènes se déroulent autour de nous ; et cela est joyeux, tout aimable, tout charmant.

Voilà une cange et son équipage ; le reiss fait battre de cordes un matelot indocile ; le Nil, naïvement figuré, laisse voir ses poissons, ses hippopotames qui livrent terrible bataille aux crocodiles. Un troupeau de bœufs franchit un gué, et le bouvier marche en avant, portant un jeune veau dans ses bras. Plus loin ce sont des ânes, dignes aïeux de ceux que nous montons, un petit ânon trottine près de sa mère. Ici de nombreux esclaves défilent, ils vont porter au maître des offrandes : gazelles, antilopes, singes, chiens et des cuisses de bœufs déjà toutes préparées pour la cuisine. Sans doute on a fait grande et heureuse chasse, on terminera la fête par quelque magnifique festin. C'est merveille de voir avec quelle précision, quelle finesse et quelle justesse, ces animaux sont représentés ; ce sont là comme des croquis sommaires, mais d'une parfaite vérité.

Voici une boucherie, on égorge des moutons, on

dépèce un bœuf. La basse-cour est amplement fournie d'oies, de grues et de canards. Puis viennent des ouvriers occupés aux travaux les plus divers, ce sont des menuisiers, la scie à la main, des charpentiers qui construisent des barques, façonnent des planches, des bûcherons frappant un tronc d'arbre à grands coups de hache.

Après l'industrie, l'agriculture, la vie des champs, ses labeurs et ses plaisirs. On sème, on sarcle, on fauche, et, s'aidant de la fourche, les moissonneurs élèvent une haute meule de blé, pyramide moins durable que celle des Pharaons, mais plus joyeusement construite.

Au milieu de ces tableaux si variés, le maître apparaît souvent ; l'artiste lui a donné des proportions beaucoup supérieures à celles du petit monde qui l'environne, moyen naïf d'éviter toute confusion.

Ce maître se fait une cour de ses femmes, de ses fermiers, de ses serviteurs, de ses bêtes. Nous le voyons gravement assis au milieu d'un cercle de musiciens; on le régale d'une sérénade. C'est un repos, c'est un plaisir de lire ce long poëme. Quelle douce sérénité dans ces souvenirs sans gloire Quelle souriante bonhomie! Ces idylles d'un bon gentilhomme campagnard valent bien les épopées d'un conquérant. Mais qui penserait que c'est là une tombe et que la mort s'est encadrée dans ces murailles frémissantes de vie?

Une chambre plus petite fait suite à la première :

elle a des sculptures du même caractère et d'un travail aussi parfait.

On désigne sous le nom de Saqqarah, le site aujourd'hui désert qu'occupaient le Sérapéum et ses dépendances. Là sont groupées plusieurs pyramides dont la plus considérable et la plus haute est dite *pyramide à degrés*. Au contraire de toutes les autres pyramides, elle ne s'élève pas tout d'un jet, mais comme par étapes, et superpose six énormes gradins. Il paraît que l'intérieur présente aussi des dispositions tout à fait inusitées ; on n'en peut plus juger maintenant, le sable et les décombres obstruent complétement l'entrée. Peu de monuments ont plus vivement exercé la critique des archéologues. Les uns veulent y voir un Sérapéum antérieur à celui que nous visitions tout à l'heure et la première nécropole es Apis ; les autres y supposent la sépulture d'un roi des dynasties les plus lointaines, soit du roi Ouénéphès de la première dynastie, soit du roi Kékéou de la seconde ; mais tous s'accordent à faire remonter jusqu'à une prodigieuse antiquité, la construction de cette pyramide. Ce serait le plus ancien monument de l'Égypte et peut-être du monde.

Les quatre faces ne sont pas complétement égales : encore une bizarrerie inaccoutumée. Deux comptent cent vingt mètres, les deux autres cent sept seulement. Les blocs, de médiocres proportions, ne forment plus des assises parfaitement jointes, aussi l'escalade est-elle très-facile.

De la cime, le regard se promène librement sur un vaste horizon. Vers le sud, s'étend un sol sablonneux et des trous, béants de toutes parts, y marquent d'innombrables sépultures. Près de ces solitudes dévastées, sourit une campagne opulente. Là où le niveau du sol s'abaisse, les eaux du Nil, s'insinuant par de souterraines infiltrations, forment de petites mares ; le limon déposé, laisse tout alentour son terreau noir. Cependant un long rideau de palmiers nous dérobe le fleuve, père toujours fécond de toutes ses richesses.

Il est des champs que la charrue retourne, il en est d'autres qui ont déjà fait germer l'espérance de la moisson prochaine ; on dirait des échantillons d'étoffes étalés sur une table immense.

Quelques villages groupent leurs huttes poudreuses, tandis que s'élève au loin un rempart de montagnes arides. Vers l'ouest, deux grandes pyramides assoient, dans le désert, leur triangle majestueux ; d'autres pyramides plus petites se dispersent autour d'elles. Est-ce encore une pyramide qu'il faut reconnaître, plus près de nous, dans un monticule fait de pierre et de sable ? Au delà, c'est le désert sans fin. Inclinant vers le nord, les yeux découvrent l'antre sombre qui donne accès au Sérapéum.

Puis viennent les pyramides d'Abousir, puis leurs sœurs géantes, les pyramides de Gizeh, colosses entre les colosses, montagnes prodigieuses qui couronnent et terminent cette chaîne de sépultures formidables. Le Nil apparaît près de là, scintillant, mais quelques contreforts abruptes nous cachent le Caire.

Nous avons vu, du côté du sud, de nombreuses ruines jalonnant le désert ; aussi ne manquons-nous pas de nous diriger dans cette direction. Ce qui nous semblait presque plat, embrassé du haut de la pyramide, est coupé de vallons et bosselé de monticules ; la marche est pénible, car le sol fait de sable et de décombres, fléchit partout sous le pas. Que de débris ! hiéroglyphes incomplets, urnes mises en pièces, ossements épars. Les crânes blancs roulent sur les traînées de sable jaune. Chemin faisant, nous escaladons une petite pyramide fort dégradée ; enfin, après plus d'une heure de marche, toujours dans le désert, et sans qu'une touffe d'herbe ait un instant reposé nos yeux, nous atteignons *Marsabat-el-Faraoum*.

On désigne ainsi une puissante construction qui eut sans doute une destination funéraire ; Mariette-Bey veut y reconnaître la tombe d'Ounas, un des derniers rois de la cinquième dynastie. C'est non pas une pyramide, mais un massif carré fait de blocs énormes. L'entrée encombrée de fragments de granit rose et aujourd'hui inaccessible, se trouve sur la face qui regarde le nord.

Nous découvrons encore vers l'ouest une pyramide très-ruinée, puis vers le sud, deux grandes pyramides et deux autres plus petites, celles-ci de forme singulière : de loin on les prendrait pour des tours ébréchées, ce sont les pyramides de Dachour. Toutes sont en plein désert, il n'en est aucune qui se dresse aux campagnes que le Nil féconde ; le sable, l'azur composent seuls leur cadre d'une implacable mais grandiose uniformité.

Par bonheur, la pyramide à degrés domine de haut ces solitudes embrasées, c'est le phare qui nous indique Saqqarah. Désireux de ne pas repasser sur notre piste première, à notre retour, nous obliquons un peu dans la direction de l'est. De ce côté, les débris sont plus nombreux encore. Nous sommes dans un des quartiers les plus peuplés de la cité des morts. Que de générations sont là couchées côte à côte ! Que de siècles en poussière ! Les fouilles brutales des fellahs avides, les fouilles patientes des archéologues, et je ne sais quelles bourrasques, quelles tempêtes furieuses ont bouleversé le sol. C'est une dévastation terrible, une indescriptible confusion. Des puits carrés s'enfoncent à de grandes profondeurs, pièges perfides : le promeneur, s'il n'est pas attentif à ses pas, risque fort d'aller rejoindre les momies de ses ancêtres.

Parfois quelques fûts de colonnes, délicatement sculptés, émergent des décombres ; quelques murailles de briques crues marquent les enceintes aujourd'hui profanées. Deux figures, taillées dans le même bloc, sont restées assises au bord de leur tombe. Rien n'a pu altérer leur béate sérénité. Sur leurs vêtements, au dossier de leur fauteuil, courent des inscriptions hiéroglyphiques.

L'espace a manqué et les sépultures, en quelques endroits, montent les unes sur les autres. Nous trouvons des couloirs et de petites salles ; les parois en sont faites d'une belle pierre blanche. Le linteau des portes étale le nom et les titres du défunt ; signes hiérogliphyques, sculptures sont presque toujours d'un excellent style et d'une finesse extrême. Parfois quelque ossement craque sous le pied.

Et cette exploration curieuse, nous avons pu l'entreprendre seuls et seuls l'achever, quelle joie ! Pas un indigène n'est venu nous imposer sa compagnie. Quiconque a voyagé en Égypte, sait combien est rare cette félicité. Le voyageur est ici une proie ; on le poursuit, on le traque, on l'étourdit, on le chasse, on le force comme l'on fait d'une bête fauve.

Tantôt ce sont des antiquités plus ou moins antiques qu'on lui apporte, tantôt on veut le conduire ici et tantôt le mener là, ce sont des cris, des clameurs sans fin, et le mot trop connu de bakchich marque le refrain de ce concert éternel. Bakchich grondent les grands Bédouins au visage de bronze, bakchich disent les femmes tout à la fois farouches et insolentes, bakchich, glapissent les fillettes, backchich, répètent les garçons demi-nus, backchich, vagissent les nourrissons, car ils disent bakchich avant que de parler. C'est à en devenir fou. Le voisinage d'un village est surtout redoutable. L'étranger est aussitôt signalé, on le regarde, on l'épie, de loin d'abord, puis quelque enfant s'enhardit à approcher, puis un autre, puis un autre encore ; les pères suivent leurs fils, les grands pères suivent les pères, cinq minutes ne sont pas écoulées que la population tout entière s'est formée en escorte. Allez maintenant, criez, protestez, menacez, jurez, rien n'y fera, ou bien armez-vous de patience, obstinez-vous à refuser la plus humble aumône à ces mendiants que la rapacité improvise et non la misère, tout sera vain, vous ne les lasserez pas et vous aurez bon gré, malgré, le supplice d'un triomphe retentissant. — Saqqarah échappe à ce fléau digne des plaies dont Moïse affligea l'Égypte. Ne voir, n'entendre personne, quel rêve et combien peu de fois réalisé !

L'exploration d'une pyramide voisine de la pyramide à degrés termine la journée. Là encore l'entrée est sur la face qui regarde le nord ; mais ce n'est qu'en rampant que l'on y peut pénétrer.

Nous trouvons une salle dont le plafond est fait de blocs énormes. De là part un étroit couloir à demi taillé dans le rocher, et à demi construit de pierres rapportées ; mais les décombres arrêtent bientôt cette pénible promenade.

Après une nuit tranquillement passée dans la maison de Mariette, le lendemain, de grand matin, nous enfourchons les ânes et partons pour Gizeh.

Nous cheminons sur cette frontière toujours nettement déterminée où s'arrêtent les champs fertiles, où commence le désert. Nous courrons, pourrait-on dire entre la vie et la mort ; nos bêtes souvent ont un pied dans les blés verdoyants et un pied sur le sable fauve.

Nous ne tardons pas atteindre les pyramides d'Abousir; elles sont au nombre de trois, fort dégradées et de hauteur médiocre. Deux chaussées, encore reconnaissables, y conduisaient ; sans doute des statues, des sphynx les bordaient, ils ont déserté leur poste, ne laissant que des fragments de basalte et de granit maintenant informes. Il était d'autres pyramides encore, mais on hésite s'il faut en reconnaître les restes confus, dans quelques monticules poudrés de sable.

Cependant nos vaillantes montures trottent rapidement; nous nous rapprochons de Gizeh et les dernières pyramides les plus fameuses, peu à peu grandissent, et superbes montent sur l'horizon.

Nous atteignons un petit lac que l'inondation a rempli (il n'est pas en Égypte d'eau qui ne vienne du Nil). Constellés de leurs fleurs jaunes, quelques mimosas bordent la rive ; les pêcheurs ont frété là une flottille et les filets tombent, cherchant le poisson dans les eaux limoneuses. C'est une scène gracieuse, naïvement aimable et qui repose un peu de tant de magnificences austères. Deux palmiers, un sycomore, fraternellement associés, précèdent les grandes pyramides ; c'est la seule tache de verdure dans cette immense arène.

Les pyramides de Gizeh occupent un plateau rocailleux, à la limite des terres que le Nil féconde. Iles sont comme les pylônes prodigieux qui marquent l'entrée du désert. On en compte trois de proportions colossales, deux surtout et six beaucoup plus petites, famille formidable, celles-ci sorties, dirait-on, des flancs de celles-là.

Vues à distance, les grandes pyramides semblent intactes ; on les prendrait pour des montagnes d'une parfaite régularité de forme ; mais l'action des siècles ou plutôt les ravages de l'homme se révèlent dès qu'on approche. L'ignorance brutale et sotte, l'avarice, toujours en quête de richesses imaginaires, se sont acharnées sur ces monuments mystérieux.

Plus ils étaient puissants, plus ils dépassaient la taille ordinaire des choses humaines, et plus on supposait merveilleux les trésors qu'on y disait enfermés. On les viola, on s'ouvrit de vive force accès jusqu'aux chambres intérieures, puis on entreprit d'exploiter ces entassements de pierre, comme une carrière, carrière qui aurait suffi à la construction de plusieurs cités ; c'est ainsi que le revêtement disparut.

Les pyramides, en effet, étaient, de la base au sommet, couvertes de belles pierres polies ; aussi pour en exécuter l'escalade, fallait-il des prodiges d'adresse et d'agilité. Seuls les acrobates de profession l'entreprenaient avec succès, et il en était encore ainsi au premier siècle de notre ère, s'il faut en croire Pline l'Ancien. C'est aux Arabes et, dit-on, au fameux Saladin, que les pyramides sont redevables de leur ruine et de leur profanation : elles avaient traversé cinquante siècles sans outrages.

Pyramides de Giseh.

Une précédente tentative faite par Ma'moun, raconte Ibn-Batouta, n'aurait que très-imparfaitement réussi. Ma'moun avait cependant entrepris un siége en règle ; la baliste battit à coups de pierre la plus grande des pyramides. Une brèche fut ainsi ouverte où l'on trouva, ici la légende commence, une somme d'argent exactement égale à celle dépensée pour ce travail de destruction. On s'étonne qu'après ce premier résultat si encourageant, Ma'moun n'ait pas poursuivi.

Lorsque la pieuse Égypte élevait, pour protéger les momies de ses maîtres, ces citadelles inouïes, elle ne faisait pas œuvre si vaine. En quel autre pays, sous quel autre ciel, trouverait-on une tombe royale si longtemps inviolée ? Et qui sait ! A-t-on pénétré tous les mystères ? Sous ces masses puissantes, dans ces flancs énormes, ne reste-t-il plus rien qui soit inexploré ? N'a-t-on pas suivi quelque fausse piste, profané un faux sarcophage ? La mort ne nous dérobe-t-elle pas encore quelque dernier secret ?

L'Égypte en effet, mettait tout en œuvre pour sauver de l'injure les restes confiés au tombeau. Elle croyait à l'immortalité de l'âme, avec plus de netteté, plus d'énergie qu'aucune autre nation de l'antiquité. Elle admettait de plus que l'âme devait un jour reprendre possession du corps. De là, la nécessité de conserver, en dépit de la mort, ce pauvre corps qui n'avait pas terminé sa tâche, de là les embaumements universellement pratiqués même pour les plus humbles, de là l'usage de placer les nécropoles toujours en dehors du territoire exposé aux inondations du Nil et de préserver ainsi les momies de l'influence redoutable de l'humidité ; de là le secret de certaines tombes ou du moins le secret de l'entrée du caveau funéraire, de là mille stratagèmes singuliers et une sorte de stratégie savante pour dérouter les recherches : labyrinthe compliqué de galeries, portes sans issue, murailles qui dissimulent les véritables portes, couloirs obstrués, sarcophages à dessein laissés vides. Beaucoup des sépultures Égyptiennes ne se défendent que par la ruse, et nul doute qu'aux pyramides la ruse fut associée à la force.

Quelques archéologues, doués de plus d'imagination que de science, et surtout certains amateurs improvisés archéologues, ont longuement raisonné ou déraisonné sur l'origine et la destination des pyramides. Les uns ont voulu y voir un rempart destiné à arrêter l'invasion du sable dans la vallée du Nil, d'autres l'étalon de toutes les mesures en usage dans l'ancienne Égypte. Tout cela est beaucoup trop subtil pour être vrai. On ne conteste plus sérieusement aujourd'hui que les pyramides n'ont jamais été que des tombes ; à Gizeh comme à Dachour, comme à Saqqarah, elles forment toujours le centre d'une nécropole.

— « Qu'apprends-tu maintenant à l'école, de« mandait-on devant moi à une petite fille ?— L'his« toire ancienne. — Eh bien ! dis-nous où sont les

« pyramides. — Les pyramides ! c'est au commen-
« cement. »

Ce n'était pas mal répondre. De ces monuments qui furent élevés au temps de la quatrième dynastie, c'est-à-dire, selon la chronologie généralement admise, entre quatre mille deux cent trente-cinq et trois mille neuf cent cinquante avant notre ère, on peut dire justement qu'ils sont au commencement. Et cependant les pyramides prouvent l'existence d'une monarchie puissante. Il fallut bien des richesses et le labeur de bien des hommes pour en mener à terme la construction ; elles prouvent encore une science très-avancée. En effet, ce ne sont pas là des monuments de pierres informes, ce ne sont pas, en de plus grandes proportions, quelques *tumuli*, comme en élevaient au fond des forêts, les Gaulois sur la tombe de leurs chefs ; ce sont des monuments parfaitement orientés et bâtis avec le plus grand soin. Le délicat est là dans l'énorme.

Hérodote se faisant sans doute l'écho des *ciceroni* de son temps, nous a transmis de curieux détails sur la construction de la grande pyramide, la plus ancienne des trois et qui fut élevée, comme on sait, par les ordres du roi Khoufou ou Chéops, pour lui servir de sépulture.

« Les uns furent occupés à fouiller les carrières de
« la montagne d'Arabie (les montagnes voisines du
« Caire ont fourni les matériaux des pyramides),
« les autres, à traîner de là jusqu'au Nil les pierres
« qu'on en tirait et à passer ces pierres sur des ba-

« teaux de l'autre côté du fleuve. D'autres encore
« les recevaient et les traînaient jusqu'à la mon-
« tagne de Libye. On employait tous les trois mois
« cent mille hommes à ce travail. — Quant au
« temps pendant lequel le peuple fut ainsi tour-
« menté, on passa dix années à construire la chaus-
« sée par où on devait traîner les pierres. Cette
« chaussée est un ouvrage presque aussi considé-
« rable à mon avis que la pyramide même, car elle
« a cinq stades de long sur dix orgyes de large, et
« huit orgyes de haut dans sa plus grande hauteur.
« Elle est de pierres polies et ornée de figures d'a-
« nimaux. Ainsi les travaux de cette chaussée du-
« rèrent dix ans, sans compter le temps qu'on
« employa aux ouvrages de la colline sur laquelle
« sont élevées les pyramides et aux édifices sou-
« terrains que le roi réservait à l'honneur de re-
« cevoir sa momie.... La pyramide même coûta
« vingt années de travail. »

Aujourd'hui sans revêtement, la pyramide de Chéops laisse voir son entrée qui certainement était autrefois soigneusement dissimulée. C'est un trou carré, noir, moins haut qu'un homme et qui paraît d'autant plus petit que les blocs dont il est encadré, sont de proportions colossales. Rien de moins hospitalier, c'est là comme une oubliette Pharaonique, mystérieuse, menaçante, et il faut avoir tout le zèle curieux d'un archéologue pour oser s'y engager. On ne saurait imaginer une exploration plus pénible, elle serait impossible sans l'assistance de quelques Bédouins qui vivent des pyramides et de leurs visiteurs.

Ces hommes-là sont agiles comme des chats; leurs pieds nus s'accrochent à la saillie la plus légère et nous pouvons confier sans peur notre pesante maladresse à leurs bras d'acier. Mais qu'ils font payer cher leur secours! Que de clameurs! Que d'importunités! Leur langue, par malheur, est aussi infatigable que leurs jambes. Il est des moments dans la vie où l'on désire être sourd, ces maudits Bédouins me l'ont fait éprouver.

Nous nous engageons d'abord dans un étroit couloir, qui descend. Il va, ou plutôt il allait aboutir à un caveau creusé dans le rocher sous la pyramide, mais l'accès de ce caveau est maintenant impossible; aussi ne tardons-nous pas à changer de direction. Nous trouvons un second couloir, plus étroit encore que le premier, il remonte et sa pente, perfidement rapide, semble défier l'escalade. Impossible de se tenir debout, il faut aller plié en deux; on nous hisse, on nous tire, on nous pousse; nous avançons.

La sueur ruisselle aux membres de bronze de nos hommes. Il semble en vérité que nous soyons tombés aux mains ou plutôt aux griffes de quelques démons. Leurs voix résonnent avec un fracas étrange : leurs faces brunes s'éclairent par intervalle à la lueur vacillante de nos bougies, leurs yeux flamboient dans les ténèbres, nous sommes comme des ballots furieusement bousculés. Aurait-on fait serment de nous mettre en pièces? Être tiraillé par quatre Bédouins, ou être écartelé par quatre chevaux, l'un doit ressembler fort à l'autre. Un faux pas, et tous de compagnie nous roulerions dans quelque abîme. Le granit rose dont nous sentons partout le froid poli, n'a pas une entaille où les ongles puissent s'accrocher. Quel prodige de s'y tenir et d'y tenir encore les autres!

Sur notre droite, on nous signale un puits béant, plus noir encore, s'il est possible, que les ténèbres partout répandues; c'est un piége, dirait-on, ménagé pour engloutir les profanateurs. Un de nos hommes s'y engage, et jetant ses jambes de droite, de gauche aux parois coupées à pic, il descend plus bas, toujours plus bas, et bientôt nous n'apercevons plus qu'une petite étoile scintillante; c'est la lumière que le Bédouin a emportée avec lui.

Arrivé à ces profondeurs, il nous crie bakchich! l'amour seul des curiosités antiques ne l'invite pas à cette téméraire gymnastique. Le puits aboutit au caveau souterrain que nous signalions tout à l'heure.

Enfin nous atteignons, et Dieu sait avec quel soulagement! un couloir horizontal. Nous marchons encore courbés, le plafond est fort bas, mais du moins nous marchons et de plain-pied. Puis nous pénétrons dans la chambre dite de la reine; on peut s'y tenir debout. Il n'est rien que quatre murs; les blocs du plafond, d'énormes proportions et de granit rose comme ceux des murs, s'arcboutent et forment l'angle, sans doute pour présenter plus de résistance à l'effroyable pression de la montagne de pierre qui les enferme de toutes parts. Les assises sont d'une régularité admirable et appareillées avec un soin extrême ; les joints sont à peine visibles et l'on ne pourrait pas y introduire la lame d'un canif.

Nous rétrogradons jusqu'à l'extrémité du couloir horizontal, puis nous prenons un couloir qui monte rapidement, mais qui du moins est plus élevé que les autres. Il aboutit à la chambre dite du roi, plus grande que la chambre de la reine. Un sarcophage s'y trouve encore, sans sculptures, sans hiéroglyphes, anonyme et formidable, comme s'il avait dû contenir non les cendres d'un homme, mais la dépouille d'un dieu. Il fut certainement placé là avant la construction des couloirs, car il n'y pourrait point passer, et il faudrait, pour l'arracher à son sanctuaire, éventrer la pyramide. Ici le plafond est plat, mais certains vides, ménagés au-dessus et que l'on a pu reconnaître, atténuent la pression. La construction accuse toujours le même soin et la même science.

Quel que soit l'intérêt qui s'attache à ces retraites cachées aux entrailles de la pyramide, ce voyage poursuivi dans la nuit semble bien long. Tout, dans ces bâtisses surhumaines, est si peu selon notre humble raison que l'esprit ne saurait échapper aux pensées folles et à certain sentiment de vague terreur. Si petits sont les vides, si énorme la masse de la funèbre montagne. On se sent mal à l'aise, suffoqué, étouffé. Un seul bloc suffirait à écraser dix hommes. Chéops ne vengera-t-il pas quelque jour ainsi sa cendre profanée?

Monter sur la pyramide est un rude labeur, mais au moins on va la tête haute et en pleine lumière.

La pyramide aujourd'hui forme un escalier de deux cents marches environ, et les marches hautes de près de soixante-dix centimètres, ne présentent qu'un étroit espace où poser le pied; aussi, vue d'en bas, cette échelle de pierre semble d'une rapidité quelque peu effrayante. Les assises sont, du reste, d'une parfaite régularité et les blocs juxtaposés avec une précision mathématique.

Les maudits Bédouins imposent encore leur aide, mais ici complétement inutile, du moins pour qui n'a pas le vertige. Ils rhythment leurs cris, mélopée bizarre où les langues les plus diverses se confondent, un mot anglais heurte un mot turc, un mot arabe se marie à un mot italien lui-même accouplé à un mot français ; avant de venir aux pyramides, cette chanson a dû être en faveur à Babel : « C'est « le bon bakchich, arabe bien content, quarante « siècles ! boum ! boum ! Bonaparte Kébir ? Milord « le baron, Mossou Kitir bon ! Français tous comme « Bédouin ! » Le mot Français est selon la nationalité du patient, remplacé par Anglais, Allemand, Américain, Russe, etc.

Assourdi, fourbu, brisé, essoufflé, tout en eau,

j'atteins le faîte, et tout haletant je me laisse tomber. Par bonheur, au moins pour le visiteur, la pyramide n'est plus pointue comme autrefois ; elle est terminée par une sorte de plate-forme d'environ dix mètres de côté où gisent quelques gros blocs, derniers débris des assises détruites. Nous sommes à plus de cent quarante mètres du sol et nous avons sous les pieds, deux millions cinq cent soixante-deux mille cinq cent soixante-seize mètres cubes de pierre. Une montagne pour enfermer une poignée de poussière !

Jamais l'homme ne dressa semblable belvédère ; de là l'horizon se découvre sur une étendue immense, et la magnificence du spectacle est telle qu'elle fait un moment oublier la présence odieuse des Bédouins. D'un côté c'est le Caire, ses innombrables mosquées et leurs coupoles roses que les vapeurs du matin enveloppent encore d'une gaze légère ; on reconnaît la citadelle et les minarets jumeaux qu'y dressa Méhémet-Ali.

Plus près de nous le Nil s'étale, encadré de riantes campagnes ; plus près encore, la nécropole de Gizeh montre ses puits funéraires qui trouent le sol de toutes parts. Le sphinx élève au-dessus du sable, sa tête de rocher ; puis vient la seconde pyramide presque aussi haute que la première et les petites pyramides qui leur font cortége ; plus loin, vers le sud, surgissent les autres pyramides, échelonnées et marquant comme des étapes, à Abousir, à Saqqarah, à Dachour ; enfin c'est le désert qui, vers l'occident, déploie à l'infini ses solitudes austères, son immense et sublime désolation.

La seconde pyramide, celle dite de Schafra ou Chéfren, conserve son revêtement, au moins dans sa partie supérieure: aussi l'ascension est-elle malaisée. Les Bédouins cependant l'entreprennent, et sur la promesse d'une gratification légère, ils dégringolent du faîte de la première et grimpent au faîte de la seconde, dans l'intervalle de dix minutes. Quels jarrets! C'est vertigineux. Comment douter après cela que l'homme, ou du moins le Bédouin, descend du singe?

Autour de la seconde pyramide règne une enceinte carrée et qui, sur deux de ses faces, est formée de falaises taillées dans le rocher. Des hiéroglyphes géants les enjambent. Il est des portes ténébreuses qui donnent accès dans des chambres funéraires: l'une d'elles est fort curieuse.

Le plafond, découpé au banc même de la pierre, accuse comme des solives faites de troncs de palmiers. La maison du mort imite la maison des vivants; aujourd'hui encore les troncs de palmiers composent la charpente dont se couronne la case des fellahs. Ces chambres, d'un accès facile, formaient comme des sanctuaires consacrés au culte des aïeux; les momies n'étaient pas là, on les tenait précieusement enfouies dans quelque caveau mystérieux.

L'intérieur de la seconde pyramide, comme l'intérieur de la première, a des couloirs bas, étroits, rapides, et dont les parois sont faites de granit rose. Encore ici des traquenards perfides ingénieusement disposés pour rompre les os des profanes. Ces couloirs eux-mêmes que nous parcourons librement, sinon facilement, étaient obstrués de blocs qu'on y avait laissé glisser, aussitôt les funérailles achevées.

Nous trouvons deux chambres, l'une placée beaucoup plus haut que la première. La plus basse et aussi la plus petite est vide, l'autre, plus vaste, conserve un sarcophage ; son couvercle est posé à terre, une violente glissade me prouve la parfaite conservation de son poli. Le plafond forme angle. Les murs portent en grosses lettres la date de 1816 et le nom de Belzoni, c'est le premier des archéologues modernes qui étudia la pyramide de Chéfren : par malheur, les Arabes d'El-Aziz-Othman, fils de Saladin, l'y avaient précédé dès le treizième siècle, et Belzoni ne trouva rien à glaner après eux. Dans une encoignure, une ouverture, faite de vive force, a révélé la présence d'une chambre peu importante et accessible seulement aux chauves-souris.

Le roi Chéfren ne nous est plus seulement connu par sa tombe, on a retrouvé sa statue, il y a peu d'années, dans le voisinage des pyramides. C'est là, certes, un vénérable portrait, car le prince qu'il représente, régnait environ quatre mille deux cents ans avant l'ère vulgaire. La statue de Chéfren est maintenant au musée de Boulaq, près du Caire. C'est là un des monuments de la sculpture les plus anciens qui existent et en même temps un des plus remarquables. Le roi, de proportions plus que naturelles, est représenté assis, les bras adhérents au corps, la main gauche posée à plat sur la cuisse, la main droite fermée. Le trône est orné de têtes de lion. La plinthe porte le cartouche royal. Le visage est calme, doux.

Ce n'est pas là un personnage quelconque, emblématique plutôt que réel, sans réalité et sans vie; une individualité précise s'y révèle qui fait supposer la ressemblance et la vérité. Le sculpteur a taillé sa figure dans un bloc de diorite, sorte de marbre grisâtre, veiné. Le ciseau a été conduit d'une main vigoureuse, souple, ferme, assurée; les jambes, les bras indiquent nettement la saillie de leurs muscles. Enfin c'est là non l'ébauche incertaine d'un apprenti, mais l'œuvre puissante d'un maître.

On a dit que les rois constructeurs des pyramides avaient été détestés, qu'une réaction violente, accompagnée de troubles, de révoltes, s'était produite après eux, et l'on expliquerait ainsi que la statue de Chéfren ait été trouvée ignominieusement jetée dans un puits.

Quelqu'un des cent mille malheureux qui traînèrent les pierres de sa pyramide, se serait-il vengé sur la statue, de la tyrannie du prince? Mais le diorite est dur par bonheur et les blessures reçues sont fort légères.

La troisième pyramide est beaucoup plus petite que les deux autres; elle mesure à peine soixante-six mètres de hauteur, c'est-à-dire un mètre de moins que les tours Notre-Dame. Le colonel Wyse (un archéologue Anglais) y pénétra en 1837 et fut assez heureux pour trouver quelques restes du couvercle de bois qui fermait la caisse de la momie royale. Ce couvercle, déposé aujourd'hui au musée de Londres, porte le nom de Men-ka-ré, *donné au soleil* dont Hérodote a fait Mycérinus. Ce prince régnait vers quatre mille cent trente six.

Ici l'exploration de l'intérieur est relativement facile, on l'entreprend rarement cependant. Aussi les chauves-souris y ont établi une colonie nombreuse. Notre visite les scandalise fort, elles tourbillonnent autour de nous et parfois nous effleurent le visage de leurs ailes velues.

Nous avançons cependant. Les couloirs ont une pente douce et souvent même sont de plain-pied. La chambre sépulcrale est ménagée non dans le massif de la pyramide, mais au-dessous, au vif du rocher.

Cette pyramide de Mycérinus était complétement revêtue de granit rose dont quelques fragments gisent près de l'entrée. Un voyageur Français, le sieur de Villament qui vint en Égypte vers 1590, assure avoir vu ce revêtement encore complet. L'emploi du granit rose prouve encore une fois sur quelle étendue considérable s'étendait l'autorité du monarque en ces âges lointains. On ne trouve, en effet, le granit rose qu'auprès d'Assouan, aux limites extrêmes de l'Égypte, à environ neuf cents kilomètres de Memphis.

Les six pyramides qui complètent le groupe de

Gizeh, s'alignent au nombre de trois près de la pyramide de Chéops, et de trois, près de la pyramide de Mycérinus ; mais ce sont là des pyramides minuscules et cependant construites avec des blocs soigneusement appareillés. Quelques petites salles paraissent s'être rattachées à l'une d'elles. Leurs murs déroulent des sculptures d'un très-faible relief, mais d'une délicatesse charmante ; ce sont comme des croquis légers. Le pinceau complétant l'œuvre du ciseau, a relevé les contours de quelques enluminures. Les sujets sont comme à Saqqarah, empruntés à la vie champêtre. Les animaux domestiques défilent en nombreux cortége, mais le cheval n'apparaît jamais.

En effet, l'Égypte de l'ancien empire ne semble pas l'avoir connu. Ce fut seulement sous le règne de Thotmès Ier, c'est-à-dire au dix-septième siècle, qu'à la suite d'expéditions guerrières dans la vallée de l'Euphrate, le cheval fut ramené en Égypte et acclimaté.

Les puits sépulcraux couvrent un espace considérable, surtout au nord de la pyramide de Chéops. On reconnaît aussi quelques vestiges des grandes chaussées dont parle Hérodote. Le sable confond, sous ses traînées, le rocher et les blocs éboulés. Seul un petit arbrisseau végète alentour des pyramides, il porte des fleurs bleues, mais plus encore d'épines.

Un peu plus loin, dans la direction du sud, se trouve le tombeau dit de Campbell. Dans son état actuel, il est entièrement souterrain. Un puits aboutit à une chambre sépulcrale, le sarcophage y garde encore sa place primitive; mais le sable s'y répand déjà en couches légères, impatient, dirait-on, de ressaisir sa proie.

Les pyramides ont un gardien digne d'elles, c'est le sphinx non moins illustre. Ce sphinx est l'aîné et le géant des sphinx de toute l'Égypte; il faut y voir, paraît-il, la représentation du dieu Armachis. C'est une montagne taillée et complétée par des blocs rapportés de façon à représenter, non l'image entière d'un sphinx, mais tout au moins son buste. L'oreille a deux mètres de long, le nez un mètre soixante-dix-neuf centimètres. Jamais l'homme ne bâtit tête si formidable. Son antiquité n'est pas moins prodigieuse que sa taille; on sait d'une façon certaine par une inscription du règne de Chéops que, sous ce prince, le sphinx existait déjà, il compte pour le moins soixante siècles.

Le temps ne lui a pas été clément et l'homme moins encore, car, après la joie de dresser des idoles, l'homme n'a pas de joie plus grande que de les casser. Le nez est mutilé, et les joues ont de terribles balafres. Pauvre Armachis! coiffé comme les princesses, il est beau cependant. Dans ses grands yeux flotte un regard mystérieux. Quelle implacable placidité dans ce large front!

Que de choses dirait ce colosse si ses lèvres pouvaient parler! Combien il a vu de splendeurs et de gloire! Combien il a vu de ces passants qui mènent grand bruit et qui s'appelaient : Cambyse, Alexandre, Saladin, Bonaparte!

Un souvenir reste encore des exploits de celui-ci, c'est un vieillard, ruine à peine vivante, et qui, tout le jour, se tient accroupi sous le sphinx. Les deux débris se complètent, le dieu et l'homme, celui-ci plus chancelant que l'autre. Le vieillard, prétend-on, assistait à la bataille de pyramides ; il a vu notre César Corse, au jour où il vint encadrer ses victoires au soleil d'Orient.

A quelques pas du sphinx, Mariette-bey a mis à découvert un monument singulier, édifice funéraire selon les uns, temple selon les autres, peut-être l'un et l'autre. Une pente rapide nous y conduit. Nous pénétrons dans une salle d'une assez grande étendue et partagée en deux nefs par des piliers carrés, monolithes de granit. Les plafonds qu'ils supportaient se sont effondrés. On trouve quelques couloirs ténébreux d'une destination incertaine. Tout est construit en albâtre oriental ou en granit rose, débité en blocs énormes et superposés avec une parfaite régularité. Pas une moulure cependant, pas un rinceau, pas un hiéroglyphe. Les matériaux employés constituent la seule richesse, et ces masses paraissent d'autant plus puissantes qu'elles sont complétement nues.

Quel contraste entre ce temple sans emblèmes et les temples qui déploient, tout le long de la vallée du Nil, l'interminable bavardage de leurs inscriptions et l'interminable cortége de leurs dieux ! Aussi dirait-on que ce temple de Gizeh est l'œuvre d'un autre peuple ou du moins d'une autre foi ; les archéologues s'accordent pour lui attribuer une antiquité extraordinaire.

Avant que les dogmes religieux de l'ancienne Égypte ne se compliquassent d'un symbolisme mystérieux, avant que les subtilités théologiques n'eussent fait de Dieu les dieux, l'unité divine avait été conçue, éloquemment formulée. Un temple comme celui de Gizeh, convenait à cette foi austère, et peut-être a-t-on là enseigné les vérités sublimes dont le rituel funéraire nous conserve quelques fragments : « Dieu est le seul générateur, « y lisons-nous, dans le ciel et sur la terre ; il « n'est point engendré. Il est le seul dieu vivant, en « vérité, celui qui s'engendre lui-même, celui qui « existe depuis le commencement, qui a tout fait « et qui n'a pas été fait. »

Quelle plus belle conclusion donne à ces pages où l'Égypte vient de nous apparaître avec ses monuments les plus fameux ? L'Égypte, terre des prodiges, a connu toutes les grandeurs : L'Égypte semble l'aieule de tous les peuples ; elle domine, comme une cime impérissable, l'enfance lointaine de notre humanité. Elle a des rois lorsque le reste de la terre n'a que des pasteurs errants ; elle a des temples énormes, des tombeaux somptueux lorsqu'au delà de ses frontières l'homme partage l'antre des bêtes fauves ; elle a une religion, un dogme, une écriture, une morale si élevée que jamais ne furent dictés enseignements plus purs, règles plus saintes ; elle est un peuple, un empire, une civilisation lorsqu'il n'est partout ailleurs que tribus barbares et sans nom ; elle existe, elle rayonne, lorsque rien ne semble encore exister. Puis elle maintient, à travers les vicissitudes les plus cruelles, son art, sa foi, sa personnalité, durant plus de quarante siècles ; et par un privilége étrange, elle vivra peut-être au moins dans ses ruines, lorsque rien ne sera plus. Que les fléaux les plus terribles, les cataclismes bouleversent notre globe, que l'humanité disparaisse, que les monuments dressés par elle croulent de toutes parts, quelques pierres resteront aux tombes des premiers Pharaons et les dernières, au milieu du morne silence de la terre, elles diront qu'il fut des hommes.

Pyramides de Gizeh, le grand Sphinx.

Babylone.

VII.

BABYLONE.

Les jardins suspendus.

L'enfant, toujours avide de fables, rêve au berceau d'un roi, les fées attentives à son premier vagissement, et les dons merveilleux par elles à l'envi prodigués, et les baguettes protectrices s'étendant sur ce jeune front que rien n'assombrit encore. L'homme fait comme l'enfant, il rêve, au berceau des illustres cités, les génies tout puissants, les héros, les dieux, et ne saurait concevoir que les plus grandes choses aient eu les plus humbles commencements. La vanité des fils se refuse à avouer la bassesse des aïeux. Aussi la légende a-t-elle toujours et partout précédé l'histoire, et les origines des créations humaines s'enveloppent de nuages mystérieux.

Quelques chameliers arrêtés aux rives de l'Euphrate, voilà sans doute quels furent les premiers fondateurs de Babylone, et la tente faite de poil de chameau, s'y dressa longtemps avant qu'il fût question de châteaux ou de palais. Mais c'était là chose trop simple à dire ; les prêtres Chaldéens ne pouvaient enregistrer ces vérités vulgaires au début de leurs glorieuses annales. On fit donc intervenir les dieux et les mythes les plus étranges. L'Olympe présida à la naissance de Babylone.

Selon Bérose, historien grave du quatrième siècle avant notre ère, un animal, doué de raison, aurait été le fondateur de Babylone. Il avait nom Oannès et réunissait, dans sa personne monstrueuse, une tête et des pieds d'homme, une tête et une queue de poisson. Cet être bizarre, mais fort instruit, se fit l'instituteur des hommes, les initiant aux arts et aux sciences. Il leur enseigna la géométrie et les premiers éléments de l'agriculture.

Le soir venu, Oannès regagnait la mer et passait la nuit sous les flots. Il écrivit un livre sur l'origine des choses. Nul doute qu'Oannès eût été reçu avec acclamation de toutes les académies, si l'on eût connu alors les académies.

Puis vinrent des rois, et chacun régna plusieurs milliers d'années ; quelle épreuve pour la patience des héritiers présomptifs ! Le roi Xisonthrus est le plus fameux. Prévenu comme Noé d'un déluge imminent, comme Noé, il construisit une arche où il enferma un couple de tous les animaux et comme Noé encore, il échappa seul avec les siens à l'anéantissement total du genre humain. Cette tradition du déluge, selon les récits de Bérose et les inscriptions retrouvées, présente une frappante analogie avec la tradition biblique. On retrouve jusqu'aux épisodes accessoires du corbeau et de la colombe. Xisonthrus devint le père d'une nouvelle humanité.

Une légende plus connue donne pour fondateur à Babylone, Ninus, Sémiramis et son fils Ninias. Sémiramis, nous dit-on, avait endigué l'Euphrate, creusé des lacs pour régulariser ses crues, établi un pont, élevé des remparts d'un développement immense, bref, fait de Babylone la plus fastueuse, la plus forte des cités. Sémiramis, guerrière et conquérante, avait porté ses armes victorieuses jusqu'en Scythie ; Alexandre y retrouva, prétend-on, les stèles triomphales dressées par elle : « La na-
« ture, y disait-elle, m'a donné le corps d'une
« femme, mais mes actions m'ont égalée aux plus
« grands des hommes. J'ai régi l'empire de Ninus
« qui, vers l'ouest, touche au fleuve Hinamam (pro-
« bablement l'Indus), vers le sud aux pays de l'en-

« cens et de la myrrhe, vers le nord aux Shakes
« et aux Sogdiens. Avant moi aucun Assyrien
« n'avait vu la mer ; j'en ai vu quatre que personne
« n'abordait..... J'ai contraint les fleuves de couler
« où je voulais... j'ai rendu féconde la terre sté-
« rile en l'arrosant, j'ai élevé des forteresses inex-
« pugnables, j'ai percé avec le fer des routes à tra-
« vers des rochers impraticables. J'ai frayé à mes
« chariots des chemins que les bêtes féroces elles-
« mêmes n'avaient jamais parcourus. Et au milieu
« de mes occupations, j'ai trouvé du temps pour
« mes plaisirs et pour mes amis. »

Eh bien, cette histoire n'est qu'un roman, la critique moderne l'a démolie de fond en comble. Bérose, Hérodote ignorent Ninus, Semiramis, Ninias ; ces noms n'apparaissent jamais dans les inscriptions. Diodore de Sicile et Ctésias, médecin d'Artaxerce Mnémon, d'après lequel il parle, sont convaincus d'erreurs. Rien ne reste de leurs fables qu'une tragédie de Voltaire et un opéra de Rossini ; à la vérité c'est quelque chose.

Nous avons dit les légendes, voici maintenant l'histoire, moins mensongère peut-être, mais certainement moins amusante.

Babylone fut la capitale du royaume Chaldéen. On sait que les Chaldéens s'étaient tout particulièrement appliqués à l'étude de l'astronomie. Leurs temples, de forme pyramidale et composés de terrasses superposées, étaient comme des observatoires sacrés.

Le culte, en effet, se rattachait intimement aux phénomènes célestes et dans chaque étoile rayonnait un dieu. Alexandre trouva les Babyloniens en possession d'une série ininterrompue d'observations astronomiques faites durant dix-neuf cent quatre ans.

Le dix-septième siècle, avant notre ère, vit les Égyptiens pénétrer dans la vallée de l'Euphrate. L'empire des Pharaons s'étendait alors des grands fleuves de l'Éthiopie, tributaires du Nil aux montagnes de l'Arménie, réunissant sous la même autorité, la Nubie, l'Égypte, la Syrie, une partie de l'Arabie, la Mésopotamie. Thotmès I, Thotmès II, Thotmès III, sont les plus illustres des princes conquérants qui, de Memphis, coururent jusqu'à Babylone et Ninive. Il faut citer encore la reine Hatasou qui fut régente durant la minorité de Thotmès II, vers 1630. Cette reine Hatasou fit élever, à Thèbes, en son honneur, un monument qui a laissé des ruines considérables, c'est le Déir-el-Bahari. Elle-même y raconte, en de vastes pages sculptées, les expéditions ordonnées par elle : ses soldats défilent, la hache sur l'épaule, le bouclier au bras, la lance à la main, et les clairons rhythment leur marche triomphale.

Mais un jour vint où le peuple Égyptien, débordé loin de ses frontières, dut rentrer dans son lit. Sur le Tigre grandissait une ville qui ne tarda pas à devenir le centre d'un empire puissant. C'était Ninive. Les Pharaons reculèrent ; la suprématie, dans l'Asie occidentale, passa en d'autres mains. Encore quelques siècles, et l'Égypte, jadis conquérante, sera conquise, et l'Euphrate à son tour, triomphera du Nil, et Cambyse campera au palais des Thotmès.

Mais avant que Ninive pût donner des maîtres à l'Égypte, Babylone devait succomber, c'était une proie plus facile. En 1270, le roi Assyrien Touklat-Adar II, conquit la Chaldée. Babylone asservie resta cependant une cité considérable et comme une seconde capitale, mais pour qui a tenu le premier rang, le second rang ne saurait suffire. Babylone ne se résigna jamais à la honte de l'indépendance perdue, de la déchéance subie, et toujours frémissante, elle s'empressa à saisir toutes les occasions de révolte.

Aussi que de massacres, que de ravages, que de ruines ! car la douceur, la clémence étaient inconnues à Ninive, et jamais on ne vit despotes plus sanguinaires que tous ces princes Assyriens. Dignes élèves des lions et des panthères qu'ils se plaisaient à braver dans leurs chasses fastueuses, ils se font eux-mêmes honneur de leur férocité. Les Pharaons les plus cruels sont des modèles de mansuétude auprès de ces monstres couronnés.

Ceux-là, dans leurs pompeux hiéroglyphes, se vantent souvent d'exploits fort inhumains, mais ceux-ci naïvement atroces, font un complaisant étalage des plus épouvantables crimes ; il semble que ce soit un poignard qui ait tracé sur la pierre ces odieux panégyriques. Cette gloire n'est rien que du sang.

Selon l'usage assez généralement accepté en ces âges lointains, le héros parle lui-même. Écoutons Ben-nirari II qui, après un soulèvement, reprit Babylone vers l'an 800; écoutons Sin-akhé-irib, qui étouffa deux révoltes de la cité Chaldéenne, vers 702 ; écoutons Assour-ban-habal qui, quelques années plus tard, châtia à son tour cette obstinée rebelle :

« Sur la terre mouillée, dit Sin-akhé-irib, les
« harnais, les armes prises dans mes attaques,
« nageaient tous dans le sang des ennemis comme
« dans un fleuve ; car les chars de bataille qui en-
« lèvent hommes et bêtes, avaient dans leur course,
« écrasé les corps sanglants et les membres. J'en-
« tassai les cadavres de leurs soldats comme des
« trophées, et je leur coupai les extrémités. Je
« mutilai ceux que je pris vivants comme des brins
« de paille, et pour punition je leur coupai les
« mains..... »

« La colère des grands dieux, mes seigneurs, dit
« à son tour Assour-ban-habal, s'appesantit sur
« eux ; pas un ne s'échappa, pas un ne fut épargné,
« ils tombèrent tous dans mes mains. Leurs cha-
« riots de guerre, leurs harnais, leurs femmes, les
« trésors de leurs palais furent apportés devant
« moi. Ces hommes dont la bouche avait tramé
« des complots perfides contre moi et contre Assour,
« mon seigneur, j'ai arraché leur langue et j'ai

« accompli leur perte. Le reste du peuple fut exposé
« vivant devant les grands taureaux de pierre que
« Sin-akhé-irib, le père de mon père avait élevés,
« et moi, je les ai jetés dans le fossé, j'ai coupé
« leurs membres, je les ai fait manger par des
« chiens, des bêtes fauves, des oiseaux de proie,
« les animaux du ciel et des eaux. En accomplissant
« ces choses, j'ai réjoui le cœur des grands dieux,
« mes seigneurs. »

Enfin l'empire de ces rois d'Assyrie est renversé : la Chaldée ressaisit son indépendance, en 625. Les Mèdes s'installent à Ninive avec leur roi Kyaxarès : Nabou-bel-oussour règne glorieusement à Babylone. Après lui vient Nabuchodonosor ou mieux Nabou-koudour-oussour, selon la transcription plus exacte des érudits ; celui-ci nous est connu par les récits bibliques.

Nabuchodonosor fut un prince actif, entreprenant, cruel parfois, mais pas plus que bien d'autres ; Babylone ne lui dût que des bienfaits. Les insurrections furieusement réprimées y avaient fait bien des ruines, il les releva et tous les vieux édifices, ouvrages des premiers princes Chaldéens, furent pieusement restaurés. Nabuchodonosor s'efforça de relier, à travers les siècles, les traditions nationales et de rattacher sa jeune gloire aux souvenirs vénérés d'un passé non moins glorieux. Il eut aussi la fièvre des conquêtes, et l'on sait qu'il emmena en captivité la population Juive, presque tout entière. Jérémie qui n'était pas Chaldéen, mais Juif et fort peu soucieux des prospérités de Babylone, maudit l'oppresseur au nom de l'opprimé. Les colères, les haines, les souffrances, les regrets, les espérances d'un peuple malheureux éclatent en ses sinistres prédictions :

« La Chaldée, s'écrie-t-il, sera livrée en proie,
« et tous ceux qui la pilleront, s'enrichiront de ses
« dépouilles... La colère du Seigneur la rendra
« inhabitée et la réduira en un désert ; quiconque
« passera par Babylone, sera frappé d'étonnement,
« et se rira de toutes ses plaies... L'épée est tirée
« contre les Chaldéens, contre les habitants de Ba-
« bylone, contre ses princes, contre ses sages ;
« l'épée est tirée contre ses devins qui paraîtront
« des insensés ; l'épée est tirée contre ses braves
« qui seront saisis de crainte... La sécheresse tom-
« bera sur ses eaux, et elles sècheront, parce
« qu'elle est une terre d'idoles et qu'elle se glorifie
« en des monstres. C'est pourquoi les dragons vien-
« dront y demeurer avec les fauves qui vivent de
« figues sauvages ; elle servira de retraite aux au-
« truches ; elle ne sera plus habitée ni rebâtie dans
« la suite des siècles. »

En effet, les Mèdes, alliés des Chaldéens, sont vaincus par les Perses, et ces nouveaux conquérants ne tardent pas à attaquer la Chaldée. Après un siège mémorable, Cyrus prend Babylone en 538. Cette domination nouvelle fut aussi odieuse aux vaincus que l'avait été celle des princes Assyriens. Babylone s'agite, se révolte ; un moment affranchie, elle brave Darius qui ne la reprend qu'après une lutte acharnée.

L'empire des Perses est renversé à son tour. Alexandre paraît, il entre à Babylone et la nation Chaldéenne salue en lui moins un conquérant qu'un vengeur ; son autorité est aisément acceptée.

Les soldats Macédoniens oublient, dans des plaisirs faciles et quelque peu désordonnés, nous dit Quinte-Curce, leurs longues privations, leurs longues fatigues ; de là sans doute la légende des orgies effrénées qui reste encore attachée au nom de Babylone.

Alexandre médite des projets grandioses : Babylone sera le centre du plus immense royaume qui ait été jusqu'alors, la vieille cité Chaldéenne sera embellie, agrandie, car le maître la veut digne de lui et de sa puissance prodigieuse. Mais Alexandre meurt. Il n'était plus de rois à renverser ni de batailles à gagner ; qu'avait-il besoin de vivre encore ? Pour Babylone, c'en est fait des jours de gloire, elle survivra peu au dernier prince qui l'ait aimée.

Dans le royaume que Séleucus se taille aux débris de l'empire Macédonien, la Mésopotamie est comprise ; il prend Babylone, mais l'abandonne aussitôt. Il va fonder, à quelques lieues de là, sur le Tigre, une ville qu'il destine à immortaliser son nom, Séleucie. Rien de plus redoutable pour une ville qui se meurt, que le voisinage d'une ville qui naît. Séleucie prospère, Babylone se dépeuple. Mais Ctésiphon, fondé par Kosroès le Grand, non loin de là, enlève à Séleucie une partie de sa population. Séleucie cependant garde quelque importance jusqu'à l'époque de la conquête Romaine. Vérus y vint en 116 et la saccagea. Quant à Babylone, ce n'était plus qu'un souvenir ; l'empereur Julien, nous dit Ammien Marcellin, n'y trouva que des débris confus.

A Séleucie, à Ctésiphon succéda Bagdad qui aujourd'hui décline à son tour. Toutefois, en un coin bien petit du vaste emplacement que couvrait Babylone, le moyen-âge vit germer une ville, Hillah, fondée en 1100 de notre ère, Hillah que les Arabes appellent pompeusement la grande. La population, composée de Juifs, de Musulmans-Schites, de Persans, s'élève à quinze mille habitants environ.

Les auteurs anciens nous parlent longuement des monuments de Babylone. Hérodote vante ses remparts immenses qui présentaient un développement de soixante mille pas. Ils étaient hauts de deux cents pieds, larges de cinquante. Les chars circulaient librement sur les terrasses qui les couronnaient. Des quais enfermaient l'Euphrate et deux palais élevés l'un vis-à-vis de l'autre, confondaient dans le fleuve, leurs tours, leurs créneaux, leurs portiques, leurs façades fraternellement reflétés. Ils étaient réunis, ostensiblement par un pont, secrètement par un tunnel établi sous le lit du fleuve. On citait le tombeau de Bélus que Xerxès saccagea et qu'Alexandre fit restaurer, désireux de s'affirmer, en toutes circonstances, comme le réparateur providentiel des violences commises, des injures subies. Hommes ou choses, il releva toujours ce que les Perses avaient jeté bas.

On signale encore, mais avec plus de détails, un monument dit aujourd'hui le Birs-Nimroud, sans doute en souvenir de Nemrod qui fut, nous dit l'Écriture, un grand chasseur devant l'Éternel. C'était autrefois le temple des sept sphères. Carré à sa base, pyramidal, cet édifice se partageait en sept étages peints de sept couleurs différentes ; chaque étage était consacré à une divinité, Saturne, Vénus, Jupiter, Mercure, Mars, le Soleil, la Lune étaient là superposés. C'était chose grandiose que ces degrés géants escaladant l'espace et entassant les dieux pour monter jusqu'à Dieu.

Quelques archéologues, l'esprit trop exclusivement obsédé des souvenirs bibliques, ont voulu voir dans le Birs-Nimroud, les ruines de la tour de Babel. Ce monceau formidable de débris, aujourd'hui informes, a sept cents mètres de tour. Un pan de mur en briques en occupe le faîte ; il mesure plus de onze mètres. Les chauves-souris y nichent et les panthères s'y blottissent parfois, épiant les gazelles qui descendent à l'Euphrate.

On a trouvé au Birs-Nimroud, un rouleau d'argile avec une inscription qui précise l'époque de sa construction ou du moins de sa reconstruction :

« Les hommes l'avaient abandonné depuis les
« jours du déluge, en désordre, proférant leurs
« paroles. Le tremblement de terre et le tonnerre

« avaient ébranlé la brique crue, avaient fendu la
« brique cuite des revêtements ; la brique crue des
« massifs s'était éboulée en formant des collines.
« Le grand dieu Mérodach a engagé mon cœur à le
« rebâtir. Je n'en ai pas changé l'emplacement, je
« n'ai pas altéré les fondations. Dans le mois du
« salut, au jour heureux, j'ai percé par des arcades
« la brique crue des massifs et la brique cuite des
« revêtements. J'ai ajusté les rampes circulaires ;
« j'ai inscrit la gloire de mon nom dans la frise
« des arcades. J'ai mis la main à reconstruire la
« tour et à en élever le faîte ; comme jadis elle dût
« être, ainsi je l'ai refondue et rebâtie... Nélio qui
« t'engendre toi-même, qui exaltes Mérodach, sois
« entièrement propice à mes œuvres pour ma
« gloire. Accorde-moi pour toujours une vie jus-
« qu'aux temps les plus reculés, une fécondité
« septuple, la solidité du trône, la durée de la vic-
« toire, la pacification des rebelles, la soumission
« des pays ennemis ! Dans les colonnes de la table
« éternelle qui fixe les sorts du ciel et de la terre,
« consigne le cours fortuné de mes jours, inscris-y
« la fécondité. Imite, Mérodach, roi du ciel et de la
« terre, le père qui t'a engendré ; bénis mes œuvres,
« soutiens ma domination... Que Nabuchodonosor,
« le roi qui relève les ruines, demeure devant ta
« face. »

Nabuchodonosor, dans d'autres inscriptions, se vante de travaux plus considérables encore :

« Nabuchodonosor, roi de Babylone, restaurateur

« de la pyramide et de la tour, fils de Nabopollas-
« sar, roi de Babylone, moi. Je dis : J'ai construit
« le palais, le siège de ma royauté, le cœur de Ba-
« bylone, dans la terre de Babylone ; j'ai fait poser
« les fondations à une grande profondeur au-des-
« sous du niveau du fleuve ; j'ai relaté sa construc-
« tion sur des cylindres recouverts de bitume et
« de briques... Avec ton assistance, ô dieu Méro-
« dach, le sublime, j'ai bâti ce palais indestruc-
« tible. Que ma race trône à Babylone, qu'elle y
« élève sa demeure, qu'elle y septuple le nombre
« des naissances. Puisse-t-elle, à cause de moi,
« régner sur le peuple de Babylone jusqu'en des
« jours reculés ! »

Un palais indestructible, qui donc en éleva jamais ? Nabuchodonosor, tu ne pourrais même plus trouver la place de ceux qui furent dressés par toi ; il n'en reste que ton orgueil !

S'il faut en croire Bérose qui était Chaldéen et qui semble, mieux qu'aucun autre, instruit des choses de la Chaldée et de l'Assyrie, Nabuchodonosor fut aussi le créateur des jardins suspendus. Follement épris d'une certaine Amytis, fille du roi de Perse Astyage, il voulut que cette femme tant chérie retrouvât dans Babylone, les montagnes verdoyantes, les ombrages profonds de sa patrie, et lui fit présent comme d'une oasis empruntée à la Perse.

Vingt-deux siècles plus tard, un prince, qui lui aussi fut un grand conquérant, répétait la galante-

Jardins suspendus de Babylone.

rie de Nabuchodonosor. Napoléon faisait établir à Compiègne une tonnelle longue de plusieurs kilomètres, imitation fidèle d'un berceau de Schœnbrunn où Marie-Louise s'était plu à promener ses rêveries de jeune fille.

Quinte-Curce, Diodore de Sicile, Philon de Byzance nous décrivent longuement les jardins suspendus. Ils s'accordent assez bien dans leurs descriptions, mais non sur le site exact qu'occupaient ces jardins. Etaient-ils attenants au principal palais? en étaient-ils indépendants, mais voisins? c'est ce que nous ne saurions dire en toute assurance, en présence de ces affirmations contradictoires.

Les jardins suspendus présentaient quatre étages et s'élevaient à une grande hauteur ; (dans tous les monuments de Babylone, on signale cette disposition essentielle des terrasses superposées).

« Les terrasses sur lesquelles on montait, nous
« dit Diodore, étaient soutenues par des colonnes
« qui, s'élevant graduellement, de distance en
« distance, supportaient tout le poids des planta-
« tions ; la colonne la plus élevée, de cinquante cou-
« dées de haut (environ vingt-cinq mètres) suppor-
« tait le sommet du jardin, et était de niveau avec
« les balustrades de l'enceinte. Les murs, solide-
« ment construit à grands frais, avaient vingt-deux
« pieds d'épaisseur et chaque issue dix pieds de
« largeur. Les plateformes des terrasses étaient
« composées de blocs de pierre dont la longueur
« était de seize pieds sur quatre de largeur. Ces

« blocs étaient recouverts d'une couche de roseaux
« mêlée de beaucoup d'asphalte ; sur cette couche
« reposait une double rangée de briques cuites,
« cimentées avec du plâtre.

« Celles-ci étaient, à leur tour, recouvertes de
« lames de plomb, afin d'empêcher l'eau de filtrer
« à travers les atterrissements artificiels et de péné-
« trer dans les fondations. Sur cette couverture se
« trouvait répandue une masse de terre suffisante
« pour nourrir les racines des plus grands arbres.
« Ce sol factice était rempli d'arbres de toute es-
« pèce, capables de charmer la vue par leur dimen-
« sion et leur beauté. Les colonnes s'élevant gra-
« duellement laissaient, par leurs interstices, pé-
« nétrer la lumière et donnaient accès aux appar-
« tements royaux, nombreux et diversement ornés.
« Une seule de ces colonnes était creuse depuis le
« sommet jusqu'à la base; elle contenait des ma-
« chines hydrauliques qui faisaient monter du
« fleuve une grande quantité d'eau, sans que per-
« sonne pût rien voir à l'extérieur. »

Alexandre, déjà frappé à mort, se fit transporter, nous dit Arrien, dans les salles qui s'étendaient au-dessous des jardins. Il espérait y trouver, dans la fraîcheur de l'air, quelque soulagement à la fièvre qui le dévorait. Vaine attente, c'en était fait d'Alexandre et quelques jours après, il mourait au palais de Nabuchodonosor.

On peut signaler dans les créations de nos âges modernes, des jardins qui, en de beaucoup plus modestes proportions, donnent quelque idée des fameux jardins de Babylone.

Des eaux azurées du lac Majeur, une île émerge, toute petite, toute charmante, elle a un nom doux comme le ciel qui lui sourit, *Isola bella*. La famille Borromée en a fait une résidence renommée par sa bizarrerie plus encore que par sa beauté. Là aussi sont des terrasses superposées et en retraite les unes sur les autres.

Les citronniers, les orangers s'étagent, et les camélias constellés de fleurs, et les magnolias où roucoulent les colombes, et les lauriers au feuillage immortel comme le nom des héros qui en ceignent leur front. Bordés de balustres pansus, des escaliers se déploient d'une terrasse à l'autre; des statues s'y dressent et des lions de marbre en gardent les degrés. Le lac sommeille tout alentour, et l'île entière semble un nid de fleurs qui flotte sur les eaux.

Certains critiques moroses insinuent qu'*Isola bella* ressemble un peu à ces pièces montées, chefs-d'œuvre de pâtisserie, que l'on voit trôner au milieu d'un somptueux dessert. Toutefois ici la pierre remplace le nougat, le marbre remplace le sucre.

Selon la tradition de Babylone, les jardins reposent sur des salles voûtées, très-vastes, fort curieuses; là sont des rocailles pittoresques, des niches où les naïades s'étendent, accoudées à leur urne qui pleure, des perspectives doucement assombries, des arcades rayonnantes où le lac et ses rivages riants viennent s'encadrer.

Que l'on suppose ces jardins décuplés, que les monstres de basalte y remplacent les amours coquets, que les taureaux formidables y remplacent les Vénus pimpantes, que les palmiers, les saules éplorés, les tamaris grêles viennent s'associer aux magnolias, aux myrtes, aux lauriers ; au lieu du lac Majeur aux eaux limpides, supposons l'Euphrate aux eaux fangeuses, supposons à l'horizon, au lieu de montagnes verdoyantes, une plaine que des canaux fécondent, et *Isola Bella* nous donnera un vague mirage des jardins de Babylone, et nous pourrons y évoquer l'ombre de Nabuchodonosor soupirant sa tendresse aux pieds de la belle Amytis.

Des monuments si nombreux, si fastueux dont Babylone s'enorgueillissait, qu'est-il resté ? Rien qui soit reconnaissable.

Thèbes garde quelques-uns de ses colosses et les colonnades de ses temples nous écrasent encore de leur immensité. Memphis dresse au-dessus du désert, ses pyramides éternelles. Sardes a quelques marbres debout, Persépolis raconte encore, sur de vastes murailles les triomphes de ses rois ; Babylone seule n'a rien qui soit digne de son grand nom. Jamais tant de gloire et de magnificences ne trouvèrent anéantissement plus complet.

Sans doute les fureurs vengeresses des rois de Ninive, bien des guerres, bien des conquêtes ont passé là ; mais quelle cité illustre pourrait-on nommer qui ait échappé à ces fléaux ? Il a été, pour

Babylone, une autre cause de destruction, cause originelle, fatale et du reste fort simple, le peu de résistance des matériaux employés. Thèbes, Memphis sont faites de grès et de granit, Sardes de marbre, Babylone était faite de briques. La pierre en effet est chose rare en Mésopotamie, l'argile au contraire très-commune ; aussi la pierre n'était-elle employée que par exception, et l'argile devait suffire à tout.

Hérodote, Quinte-Curce, d'autres encore nous exposent avec précision le mode de construction en usage. Les briques, pour la plupart, étaient seulement séchées au soleil, le soleil de Babylone suffisait à les durcir ; on les reliait avec une matière bitumineuse recueillie à Hit ou Is, site distant de huit jours de marche. Parfois on disposait entre les assises des couches de roseaux. Les revêtements étaient faits de briques cuites et vernissées. Là se déroulaient, peints de couleurs éclatantes, les chasses ardentes, les batailles, les défilés des captifs, le long cortège des esclaves apportant au maître les offrandes des peuples vaincus.

Les Babyloniens connaissaient et employaient souvent la voûte. Qu'est-il advenu cependant ? Il pleut en Babylonie, bien que rarement. L'eau a peu à peu ramolli et désagrégé l'argile ; les terrasses ont fléchi, les voûtes ont croulé et les siècles aidant, les palais, les temples, les remparts n'ont plus été que des monticules, des ondulations vagues où les yeux complaisants des archéologues peuvent seuls reconnaître des monuments. Les prophètes auraient pu dire à Babylone : « Babylone, tu fus poussière et poussière tu seras. »

Aujourd'hui il faut entreprendre des fouilles profondes pour retrouver quelques briques intactes ; elles portent parfois des inscriptions en caractères cunéiformes.

Le voyageur qui cherche Babylone, trouve, au sortir d'Hillah, une plaine que l'Euphrate traverse ; quelques cultures, quelques plantations de palmiers se pressent aux rives du fleuve, comme attirés par la fraîcheur bienfaisante des eaux. Plus loin la végétation cesse.

L'incurie musulmane laisse improductives ces terres que les anciens Chaldéens avaient patiemment fécondées. Hérodote nous parle des riches moissons qu'elles prodiguaient. Ici en effet, l'Euphrate et le Tigre ne sont éloignés que de huit à dix lieues ; on avait établi, de l'un à l'autre, tout un système d'irrigations ingénieuses : les deux fleuves entrecroisaient leurs eaux et répandaient la vie de toutes parts. Maintenant les canaux, depuis longtemps desséchés, ne sont plus que des sillons indécis que la poussière comble à demi.

Bientôt quelques buttes allongées indiquent le tracé des remparts. Puis on rencontre une colline dite Amran ; on y a trouvé des tombes. Certains savants veulent y reconnaître une nécropole de l'époque des Parthes ; quelques-uns affirment que cette nécropole, relativement moderne, marque l'emplacement des jardins suspendus. Selon d'autres, les jardins auraient été situés au Kasr, colline plus vaste et qui est faite des débris du grand palais.

Cette colline porte un arbre légendaire le tamaris de Sémiramis. Il compte plusieurs siècles et la séve ne circule plus qu'à peine dans son tronc crevassé, vermoulu. Dieu, disent les Arabes, l'épargna lors de la destruction de Babylone ; Ali, disciple et petit fils du prophète, y attacha son cheval lorsqu'il vint combattre et vaincre à Hillah. Mais ce lieu est maudit, les esprits le hantent et dès que vient le soir, les plus braves s'empressent à le fuir.

A quelques pas plus loin, un lion de basalte est gisant dans un fossé, il n'a plus de tête et on dirait quelque divinité étrange que la foudre aurait renversée de son autel.

Enfin le Birs-Nimroud apparaît, faisant saillie dans la plaine comme une pyramide écroulée. Le mur qui s'y dresse, seul débris qui soit debout, semble un géant soucieux : il contemple tristement cette solitude morne qui fut une splendide cité, ces lieux qui menèrent si grand bruit et qui gardent maintenant un si profond silence.

Parfois passent quelques chameaux. Que portent-ils? Des tapis éblouissants, des étoffes précieuses, la myrrhe, l'encens, la pourpre de Tyr, l'or du Pactole? — Non, ils portent des cadavres jetés sur leur bosse, jambe de ci jambe de là ; et ces hideuses ruines humaines que de pauvres haillons cachent à peine, s'en vont ballottés à travers la campagne. On les inhumera à Hillah, sous la protection vénérable du tombeau d'Ali. C'est là un acte suprême de dévotion fort en honneur chez les Persans. Souvent les morts voyagent ainsi plusieurs jours avant de trouver la terre sacrée où leur piété crédule s'est promis un plus doux repos. Les chacals, les hyènes, les vautours chauves suivent de loin ces lugubres caravanes.

Pauvre Babylone, la vie la déserte et la mort seule daigne y passer.

Babylone, le Birs-Nimroud.

FIN.

TABLE DES GRAVURES.

1. Rue des Chevaliers à Rhodes. 1
2. Colosse de Rhodes. 17
3. Tour de la Forteresse à Rhodes. 40
4. Boudroum (ancienne Halicarnasse). 41
5. Tombeau de Mausole. 61
6. Boudroum (ancienne Halicarnasse), Château Saint-Pierre. 89
7. Ruines du temple de Diane à Éphèse. 91
8. Temple de Diane. 143
9. Éphèse, ruines de l'aqueduc. 150
10. Olympie. 151
11. Jupiter d'Olympie. 179
12. Olympie, métope du temple de Jupiter. 190
13. Port d'Alexandrie. 191
14. Le Phare d'Alexandrie. 199
15. Colonne dite de Pompée (Alexandrie). 218
16. Pyramides se reflétant dans l'eau. 219
17. Pyramides de Giseh. 239
18. Pyramides de Giseh, le grand Sphinx. 258
19. Babylone. 259
20. Jardins suspendus de Babylone. 273
21. Babylone, le Birs-Nimroud. 282

TABLE DES MATIERES.

I

LE COLOSSE DE RHODES

Ce qui ne reste pas du colosse et ce qui reste des chevaliers. . 1

II

LE TOMBEAU DE MAUSOLE

Cos, l'île d'Hippocrate. — Cnide, la ville de Vénus. — Halicarnasse, le mausolée du roi païen, le château des chevaliers chrétiens. 41

III

LE TEMPLE DE DIANE

D'Halicarnasse à Éphèse par Mélassa, Alinda et Aïdin. 91

IV

LE JUPITER D'OLYMPIE

A travers le Péloponèse : Corinthe, Némée, Stymphale, Phonia, Olympie. 151

V

LE PHARE D'ALEXANDRIE

La ville d'Alexandrie, Alexandre et Méhémet-Ali 191

VI

LES PYRAMIDES

Memphis et le Sérapéum, Saqqarah, Dachour, Abousir, Giseh. 219

VII

BABYLONE

Les jardins supendus. 259

Table des gravures. 283

21271. — Typographie Lahure, rue de Fleurus, 9, Paris.

www.ingramcontent.com/pod-product-compliance
Lightning Source LLC
Chambersburg PA
CBHW070753170426
43200CB00007B/765